后汉书

[宋] 范晔·著
乙力·编译

陕西新华出版 三秦出版社

图书在版编目（CIP）数据

后汉书 /（宋）范晔著；乙力编译. -- 2版. -- 西安：三秦出版社，2008.04（2024.1重印）
（国学百部文库）
ISBN 978-7-80628-485-8

Ⅰ. ①后… Ⅱ. ①范… ②乙… Ⅲ. ①中国－古代史－东汉时代－纪传体②后汉书－注释③后汉书－译文 Ⅳ. ①K234.204.2

中国版本图书馆CIP数据核字（2008）第036252号

书　　名	后汉书
作　　者	［宋］范晔 著　乙力 编译
责　　编	王曙龙
封面设计	新华智品

出版发行	三秦出版社
社　　址	西安市雁塔区曲江新区登高路1388号
电　　话	（029）81205236
邮政编码	710061
印　　刷	北京一鑫印务有限责任公司
开　　本	680×1020　1/16
印　　张	9
字　　数	140千字
版　　次	2008年4月第2版
印　　次	2024年1月第2次印刷
标准书号	ISBN 978-7-80628-485-8

定　　价	39.80元
网　　址	http://www.sqcbs.cn

前　言

《后汉书》是我国古代史学名著之一，与《史记》《汉书》《三国志》合称"前四史"。该书记述了东汉由光武帝建武元年至献帝延康元年（25—220）195年间的历史，分纪、传、志三个部分。纪分帝纪、后纪，共十卷；列传记载王侯将相、社会上下各阶层行迹可传的人物，及汉周边诸国历史等，共八十卷。

作者范晔（398—445），字蔚宗，南朝宋顺阳（今河南淅川）人，晋豫章太守范宁之孙，侍中赠车骑将军范泰之子。宁、泰二人《晋书》《宋书》各有传。范晔"少好学，博涉经史，善为文章，能隶书，晓音律，善弹琵琶，能为新声"。20岁前后，曾为晋相国掾，入宋后，为彭城王刘义康（刘裕第四子）冠军参军。渐转荆州别驾从事史、新蔡太守、尚书吏部郎等职。宋文帝元嘉九年（432），范晔因为左迁宣城太守，不得志，开始撰写《后汉书》，至元嘉二十二年（445）以谋反罪被杀止，写成了十纪、八十列传。原计划作的十志，未及完成。今本《后汉书》中的八志三十卷，是南朝梁刘昭从司马彪的《续汉书》中抽出来补进去的。

《后汉书》具有简明周详的特点，因而能拔起于众家之后。从思想上看，《后汉书》对东汉流行的谶纬迷信持批判态度，对东汉后期豪强专权下的黑暗政治也有所揭露。书中对历史人物的评价，比较注重道德品质。在体例上，《后汉书》把东汉一代在位时间短、事迹不多的殇、冲、质三帝附在其他帝纪后面，又开创了给皇后增作纪的先例。这既反映了他对君权的尊崇，又反映出东汉一代皇后在政治地位上的日益强化。另外，《史记》《汉书》中已经有了"类传"，即把同一类的人物放在一起作传；《后汉书》在这方面新创了《党锢传》《宦者传》《文苑传》《独行传》《方术传》《逸民传》《列女传》等。其中《党锢传》《宦者传》反映了东汉封建政治的重要特点。在《儒林传》之外新立《文苑传》，表明文学和经学开始分家。《后汉书》的《列女传》特别值得注意。范晔认为史书不为妇女立传是不对的，他选择"才行"优秀的各种类型妇女写了传记，在纪传体史书中，开创了为妇女立专传的先例。为人们熟知的蔡文姬就收录在《列女传》中。在文学价值方面，《后汉书》的"论"、"赞"是值得称道的。作者自认为是"精意深旨"，后人更推崇它有"奇情壮采"。

《后汉书》取材广泛，内容丰富，考虑到普及的需要，我们选取了其中最具代表性的篇章，以供读者阅读，希望本书能对您的学习和生活有所裨益。

本书编排严谨，校点精当，完整地保留了原著的风貌。并配有精美的插图，这些插图不但和作品中的情节、人物相互对应以达到图文并茂、生动形象的效果，而且也能够反映出中国古代绘画艺术的发展、演变与继承关系，具有很高的艺术价值和欣赏价值。此外本书版式新颖，设计考究，双色印刷，装帧精美，除供广大读者阅读欣赏外，更具有极高的研究、收藏价值。

编　者
2008 年 8 月

目 录

光武帝纪…………………………………………………1
孝献帝纪…………………………………………………17
光烈阴皇后纪……………………………………………38
明德马皇后纪……………………………………………41
邓 禹 传…………………………………………………51
冯 异 传…………………………………………………57
耿 弇 传…………………………………………………68
马 援 传…………………………………………………75
梁 冀 传…………………………………………………82
郑 玄 传…………………………………………………89
班 固 传…………………………………………………95
班 超 传…………………………………………………99
张 衡 传…………………………………………………110
董 卓 传…………………………………………………115
王 景 传…………………………………………………126
董 宣 传…………………………………………………130
左 慈 传…………………………………………………134
严 光 传…………………………………………………136

后汉书

光武帝纪

【题解】

汉光武帝刘秀，东汉王朝创建者。新莽末南阳蔡阳（今湖北枣阳西南）人，字文叔。早年参加绿林起义军。23年昆阳之战，率部大败莽军。25年在鄗（今河北柏乡北）称帝，建元建武。统一全国，建都洛阳（今河南洛阳东）。即位后，采取休养生息政策，以"柔道"治国，多次下诏释放、禁止残害奴婢，减免徭赋，兴修水利，发展农业生产。后世将其统治期间称为"光武中兴"。在位33年，庙号世祖。

汉光武帝刘秀

【原文】

世祖光武皇帝讳秀，字文叔，南阳蔡阳人，高祖九世之孙也，出自景帝生长沙定王发。发生舂陵节侯买，买生郁林太守外，外生巨鹿都尉回，回生南顿令钦，钦生光武。光武年九岁而孤，养于叔父良。身长七尺三寸，美须眉，大口，隆准，日角。性勤于稼穑，而兄伯升好侠养士，常非笑光武事田业，比之高祖兄仲。

【译文】

世祖光武皇帝名秀，字文叔，南阳郡蔡阳县人，高祖刘邦的第九代孙。出自景帝所生的长沙定王刘发。刘发生舂陵节侯刘买，刘买生郁林太守刘外，刘外生巨鹿都尉刘回，刘回生南顿令刘钦，刘钦生光武。光武九岁时就死了父亲，在叔父刘良家养大。他身高七尺三寸，须眉浓美，有着大大的嘴巴，高高的鼻梁，饱满的额角。光武对农事勤劳不懈，而长兄刘缤喜好侠义，收养宾客，他常耻笑光武经营田业，把他比作高祖刘邦的兄长刘喜。

【原文】

王莽天凤中，乃之长安，受《尚书》，略通大义。

莽末，天下连岁灾蝗，寇盗蜂起。地皇三年，南阳荒饥，诸家宾客多为小盗。光武避吏新野，因卖谷于宛。宛人李通等以图谶说光武云："刘氏复起，李氏为辅。"光武初不敢当，然独念兄伯升素结轻客，必举大事，且王莽败亡已兆，天下方乱，遂与定谋，于是乃市兵弩。十月，与李通从弟轶等起于宛，时年二十八。

【译文】

王莽天凤年间，光武来到长安，学习《尚书》，大略弄懂了书中的内容。

王莽末年，天下连年遭受蝗虫之害，贼寇强盗纷纷竞起。地皇三年，南阳闹饥荒，各家的宾客门人多聚为小股盗贼。光武此时在新野躲避官吏的追究，因而到宛城卖粮。宛城人李通等人用图谶劝说光武："刘家将重新兴盛，李家是刘家的辅佐。"光武一开始还不敢答应，但暗自想到长兄刘縯一向结交不怕事的人，必定要举兵起事，而且王莽衰败灭亡的迹象已经显露，天下正处于混乱之中，便和李通决定起事，于是就购置弓箭武器。十月，光武和李通堂弟李轶等人在宛城起兵，这年他二十八岁。

【原文】

十一月，有星孛于张。光武遂将宾客还舂陵。时伯升已会众起兵。初，诸家子弟恐惧，皆亡逃自匿，曰"伯升杀我"。及见光武绛衣大冠，皆惊曰"谨厚者亦复为之"，乃稍自安。伯升于是招新市、平林兵，与其帅王凤、陈牧西击长聚。光武初骑牛，杀新野尉乃得马。进屠唐子乡，又杀湖阳尉。军中分财物不均，众恚恨，欲反攻诸刘。光武敛宗人所得物，悉以与之，众乃悦。进拔棘阳，与王莽前队大夫甄阜、属正梁丘赐战于小长安，汉军大败，还保棘阳。

【译文】

十一月，彗星在张宿出现。光武于是率领宾客返回舂陵。这时刘縯已经聚众起兵。一开始,各家的年轻人很害怕,纷纷逃避,躲藏起来,他们说:"刘縯会害死我们。"等见到光武穿戴将军的绛衣大帽,都惊奇地说:"谨慎厚道的人也干起兴兵造反的事了",就略感安心。刘縯就招来新市、平林兵,和他们的主帅王凤、陈牧一起向西攻打长聚。光武起初骑牛,杀了新野县尉后才得到马。进军荡平唐子乡,随后又杀了湖阳县尉。因军中分财物不均,众人忿恨,要反过来攻打刘氏家族的人。光武收集刘姓族人所得财物,全数给予众人,众人方才喜悦。汉军推进占领了棘阳,和王莽前队大夫甄阜、属正梁丘赐在小长安接战,汉军大败,退守棘阳。

【原文】

更始元年正月甲子朔,汉军复与甄阜、梁丘赐战于沘水西,大破之。斩阜、赐。伯升又破王莽纳言将军严尤、秩宗将军陈茂于淯阳,进围宛城。

【译文】

更始元年正月初一甲子日,汉军在沘水西又和甄阜、梁丘赐交战,大破了他们的军队,杀了甄阜、梁丘赐两人。刘縯又在淯阳打败了王莽的纳言将军严尤、秩宗将军陈茂,于是进军包围宛城。

【原文】

二月辛巳,立刘圣公为天子,以伯升为大司徒,光武为太常偏将军。

【译文】

二月辛巳,拥立刘玄为天子,刘玄任命刘縯为大司徒,光武为太常偏将军。

【原文】

三月,光武别与诸将徇昆阳、定陵、郾,皆下之。多得牛、马、财物,谷数十万斛,转以馈宛下。

【译文】

三月,光武另外和众将去攻打昆阳、定陵、郾,结果都攻克了。得到许多牛、马和财物,粮食数十万斛,光武将这些物品都转运供给包围宛城的刘縯军。

【原文】

　　莽闻阜、赐死，汉帝立，大惧，遣大司徒王寻、大司空王邑将兵百万，其甲士四十二万人，五月，到颍川，复与严尤、陈茂合。初，光武为春陵侯家讼逋租于尤，尤见而奇之。及是时，城中出降尤者言光武不取财物，但会兵计策。尤笑曰："是美须眉者邪？何为乃如是！"

【译文】

　　王莽得知甄阜、梁丘赐已死，汉帝已立的消息，十分恐惧，于是派大司徒王寻、大司空王邑率兵百万，其中身着铠甲之士四十二万人，五月到达颍川，重与严尤、陈茂会合。当初，光武替叔父春陵侯刘敞到严尤那儿告佃户拖欠租子，严尤见了光武就很器重他。到这时，从城里跑出去投降严尤的人告诉他光武不掠取财物，只知操练军队和策划战守方略。严尤笑着说："是那个须眉浓美的人吧？他这样做是想干什么！"

【原文】

　　初，王莽征天下能为兵法者六十三家数百人，并以为军吏；选练武卫，招募猛士，旌旗辎重，千里不绝。时有长人巨无霸，长一丈，大十围，以为垒尉；又驱诸猛兽虎豹犀象之属，以助威武。自秦、汉出师之盛，未尝有也。光武将数千兵，徼之于阳关。诸将见寻、邑兵盛，反走，驰入昆阳，皆惶怖，忧念妻孥，欲散归诸城。光武议曰："今兵谷既少，而外寇强大，并力御之，功庶可立；如欲分散，势无俱全。且宛城未拔，不能相救，昆阳即破，一日之间，诸部亦灭矣。今不同心胆共举功名，反欲守妻子财物邪？"诸将怒曰："刘将军何敢如是！"光武笑而起。会候骑还，言大兵且至城北，军阵数百里，不见其后。诸将遽相谓曰："更请刘将军计之。"光武复为图画成败。诸将忧迫，皆曰"诺"。时城中惟有八九千人，光武乃使成国上公王凤、廷尉大将军王常留守，夜自与骠骑大将军宗佻、五威将军李轶等十三骑，出城南门，于外收兵。时莽军到城下者且十万，光武几不得出。既至郾、定陵，悉发诸营兵，而诸将贪惜财货，欲分留守之。光武曰："今若破敌，珍宝万倍，大功可成；如为所败，首领无余，何财物之有！"众乃从。

【译文】

起初，王莽征调国内六十三家通晓兵法的共数百人，一起委派为军吏。挑选和训练禁卫军，征募勇士。军队的战旗辎重，千里不绝。当时有个巨人叫巨无霸，身长一丈，腰圆十围，委派为负责守卫营垒的官。又驱逐虎、豹、犀、象等各种猛兽奔跑在阵前，以助军威。自秦、汉以来出师的盛况，从没有像这样威武的。光武率领数千人到阳关截击王莽军，众将见王寻、王邑的兵力强大，掉头就跑，奔回了昆阳。都惶恐不安，惦记着妻子儿女，打算分散返回各自的城邑。光武说："现在兵马粮草已经很少，而外敌强大，我们合力抵抗，功绩或许能有所成就；如果分散开来，势必不能都得以保全。而且宛城尚未攻克，那边的人不能来相救，昆阳一旦陷落，一日之间，各部兵马都要被消灭。现在不同心同德共举功名，反而想去保妻子儿女和财物吗？"众将发怒说："刘将军怎敢这样说话？"光武笑着起身。恰巧这时侦察的骑兵返回，告知大兵将到城北，兵马队列数百里，看不到队尾。众将急忙对光武说道："还是请刘将军考虑对策。"光武又为大家谋划成败之计。众将忧愁所迫，都诺诺连声，表示同意。这时城中只有八九千人，光武于是派成国上公王凤、廷尉大将军王常留守城中，自己则趁着夜幕和骠骑大将军宗佻、五威将军李轶等十三骑冲出昆阳城南门，到外面去调集兵力。这时到达城下的王莽军有将近十万人，光武差一点出不了城门。到了郾、定陵之后，光武调拨各营全部兵力增援昆阳，而众将却贪恋财物，打算留下人看守营垒。光武说："现在如能打败敌人，就能得到万倍的珍宝，大功就能告成；如果我们被打败了，脑袋都保不住，还能有什么财物呢！"众人这才听从了光武的主意。

【原文】

严尤说王邑曰："昆阳城小而坚，今假号者在宛，亟进大兵，彼必奔走；宛败，昆阳自服。"邑曰："吾昔以虎牙将军围翟义，坐不生得，以见责让。今将百万之众，遇城而不能下，何谓邪？"遂围之数十重，列营百数，云车十余丈，瞰临城中，旗帜蔽野，埃尘连天，钲鼓之声闻数百里。或为地道，冲輣橦城。积弩乱发，矢下如雨，城中负户而汲。王凤等乞降，不许。寻、邑自以为功在漏刻，意气甚逸。夜有流星坠营中，昼有云如坏山，当营而陨，不及地尺而散，吏士皆厌伏。

【译文】

严尤向王邑进策说："昆阳城虽小，却很坚固。现在僭称帝王的刘玄在宛城，我们急速进兵宛城，他们必定逃跑；宛城一败，昆阳可不战而自行降服。"王邑说："过去我以虎牙将军的身份围歼翟义，因为没有活捉他，而受到责难。现在我率领百万大军，遇到城池不能攻克，将如何交代呢？"于是将昆阳重重包围，构筑军营好几百个，升起十多丈高的云车，俯视昆阳城中，旗帜布满原野，战尘直冲九天，金鼓声传出数百里。有的军士在挖地道，有的用橦车和楼车在冲击城门。无数的弓弩朝城里乱发，箭下如雨，城里的人要顶着门板才能去取水。王凤等人请求投降，王莽军不答应。王寻、王邑自以为胜利就在顷刻之中，得意扬扬。夜里有流星坠落到军营中，白天有云像崩塌的山一样，对着营地坠落下来，到离地里不及一尺处才散开，官兵都被压得趴在地上。

【原文】

六月己卯，光武遂与营部俱进，自将步骑千余，前去大军四五里而陈。寻、邑亦遣兵数千合战。光武奔之，斩首数十级。诸部喜曰："刘将军平生见小敌怯，今见大敌勇，甚可怪也，且复居前。请助将军！"光武复进，寻、邑兵却，诸部共乘之，斩首数百千级。连胜，遂前。时伯升拔宛已三日，而光武尚未知。乃伪使持书报城中，云"宛下兵到"，而阳堕其书。寻、邑得之，不意。诸将既经累捷，胆气益壮，无不一当百。光武乃与敢死者三千人，从城西水上冲其中坚，寻、邑陈乱，乘锐崩之，遂杀王寻。城中亦鼓噪而出，中外合势，震呼动天地，莽兵大溃，走者相腾践，奔殪百余里间。会大雷风，屋瓦皆飞，雨下如注，滍川盛溢，虎豹皆股战，士卒争赴，溺死者以万数，水为不流。王邑、严尤、陈茂轻骑乘死人度水逃去。尽获其军实辎重，车甲珍宝，不可胜算，举之连月不尽，或燔烧其余。

【译文】

六月己卯日，光武便和招集来的队伍一起行进，他亲自率领千余名步兵和骑兵，进军到离王莽军四五里的地方列阵。王寻、王邑也派出数千人迎战。光武冲杀在战场上，一气斩下了几十个敌人的首级。众将惊喜地说："刘将军平时看见小股敌人就胆怯，今天见到大敌反而英勇，真是奇怪。而且刘将军又冲到了最前面，请让我们协助刘将军。"大军又向前冲杀，王寻、王邑的部队退却，各部一齐乘胜而进，杀敌成百上千。光武连连取胜，于是向前推进。这时刘縯攻占宛城已三天，光武还不知道，他让人装扮成刘縯的人去昆阳报信说："围攻宛城的援兵到了。"却让送信的人装作把信失落了。王寻、王邑得到了信，很扫兴。而起义军众将已经取得多次胜利，胆量益壮，无不以一当百。光武便率领不怕死的勇士三千人，从城西渡水，冲击敌军最精锐的中军，王寻、王邑的阵势开始混乱，光武乘着锐气冲乱了敌人的阵势，杀了王寻。昆阳城里的人也击鼓呼喊冲杀出来，起义军城里的和城外的汇合一处，呼声震天动地。于是王莽军大溃，逃跑的人互相践踏，奔退中死伤的人遍及百余里间。恰巧这时天空中雷鸣电闪，狂风呼号，屋顶的瓦都刮飞了，雨倾盆而下，滍川河水大泛滥，虎豹都吓得四腿直抖，而士卒们抢着渡河，淹死的人数以万计，河水都被堵得流不动了。王邑、严尤、陈茂等人轻装骑马踏着死尸渡水逃走。光武缴获了王莽军的全部粮草、辎重、装备和珍宝，多得数不清，清理了几个月还没有完，只好把剩下的物资放火烧掉了。

【原文】

光武因复徇下颍阳。会伯升为更始所害，光武自父城驰诣宛谢。司徒官属迎吊光武，光武难交私语，深引过而已。未尝自伐昆阳之功，又不敢为伯升服丧，饮食言笑如平常。更始以是惭，拜光武为破虏大将军，封武信侯。

【译文】

　　光武于是又攻下了颍阳，这时正逢刘縯被更始帝所害，光武从父城赶到宛城谢过。司徒府的官员来迎接慰问光武，光武难以和他们背地里交谈，只是重重地责备自己的过错罢了，没有夸耀自己在昆阳的功劳，又不敢为兄长刘縯服丧，饮食谈笑都和平常一样。更始帝因此感到惭愧，于是授给光武破虏大将军的官职，封他为武信侯。

【原文】

　　九月庚戌，三辅豪杰共诛王莽，传首诣宛。

　　更始将北都洛阳，以光武行司隶校尉，使前整修宫府。于是置僚属，作文移，从事司察，一如旧章。时三辅吏士东迎更始，见诸将过，皆冠帻，而服妇人衣，诸于绣镼，莫不笑之，或有畏而走者。及见司隶僚属，皆欢喜不自胜。老吏或垂涕曰："不图今日复见汉官威仪！"由是识者皆属心焉。及更始至洛阳，乃遣光武以破虏将军行大司马事。十月，持节北渡河，镇慰州郡。所到郡县，辄见二千石、长吏、三老、官属，下至佐史，考察黜陟，如州牧行部事。辄平遣囚徒，除王莽苛政，复汉官名。吏人喜悦，争持牛、酒迎劳。

　　进至邯郸，故赵缪王子林说光武曰："赤眉今在河东，但决水灌之，百万之众可使为鱼。"光武不答，去之真定。林于是乃诈以卜者王郎为成帝子子舆，十二月，立郎为天子，都邯郸，遂遣使者降下郡国。

【译文】

　　九月庚戌这天，三辅豪杰一齐杀了王莽，把他的头送到了宛城。

　　更始帝准备北上到洛阳建都，便让光武代理司隶校尉的职务，委派他提前前往洛阳整修宫廷府署。光武于是设置下属官员，起草公文，察禁非法，一切都按原来汉朝的章程办理。当时三辅官员和士人到东方来迎接更始帝，见众将走过，都戴着平民百姓的头巾，穿着大披上衣和绣花短袖衣等女人的服装，因而没有不笑话他们的，甚至有人以为不祥而害怕，便跑开了。等看到司隶府的人，都喜不自禁。老吏中有人垂泪说道："想不到今日又见到汉家官员的威严仪表！"从此有见识的人都心向光武了。等到更始帝到了洛阳，便委派光武以破虏将军的名义代理大司马职务。十月，光武带着符节北渡黄河，安定抚慰各州郡。他每到各郡县，就会见郡守、长吏、三老、下属官吏，直至各部门的佐史们，考察他们的政绩并加以罢免或提升，就像州牧巡查所属郡国一样。光武还立即平反冤案，遣返囚徒，废除王莽时苛刻的政令，恢复汉朝的官名。吏人们喜笑颜开，争着拿出牛肉美酒欢迎慰劳光武。

光武到达邯郸县，已故赵缪王之子刘林向光武献策说："赤眉军现在在河东，只要决开黄河之水淹灌他们，就可以使赤眉军百万人马变成鱼虾。"光武没有理睬，而是离开邯郸前往真定县。刘林于是弄虚作假，让从事占卜的王郎冒充成帝的儿子刘子舆，十二月，立王郎为天子，定都邯郸，并派遣使者招降下属郡国。

【原文】

二年正月，光武以王郎新盛，乃北徇蓟。王郎移檄购光武十万户，而故广阳王子刘接起兵蓟中以应郎，城内扰乱，转相惊恐，言邯郸使者方到，二千石以下皆出迎。于是光武趣驾南辕，晨夜不敢入城邑，舍食道傍。至饶阳，官属皆乏食。光武乃自称邯郸使者，入传舍。传吏方进食，从者饥，争夺之。传吏疑其伪，乃椎鼓数十通，绐言邯郸将军至，官属皆失色。光武升车欲驰，既而惧不免，徐还坐，曰："请邯郸将军入。"久乃驾去。传中人遥语门者闭之。门长曰："天下讵可知，而闭长者乎？"遂得南出。晨夜兼行，蒙犯霜雪，天时寒，面皆破裂。至呼沱河，无船，适遇冰合，得过，未毕数车而陷。进至下博城西，遑惑不知所之。有白衣老父在道旁，指曰："努力！信都郡为长安守，去此八十里。"光武即驰赴之，信都太守任光开门出迎。世祖因发旁县，得四千人，先击堂阳、贳县，皆降之。王莽和戎卒正邳彤亦举郡降。又昌城人刘植，宋子人耿纯，各率宗亲子弟，据其县邑，以奉光武。于是北降下曲阳，众稍合，乐附者至有数万人。

复北击中山，拔卢奴。所过发奔命兵，移檄边部，共击邯郸，郡县还复响应。南击新市、真定、元氏、防子，皆下之，因入赵界。

时，王郎大将李育屯柏人，汉兵不知而进，前部偏将朱浮、邓禹为育所破，亡失辎重。光武在后闻之，收浮、禹散卒，与育战于郭门，大破之，尽得其所获。育还保城，攻之不下，于是引兵拔广阿。会上谷太守耿况、渔阳太守彭宠各遣其将吴汉、寇恂等将突骑来助击王郎，更始亦遣尚书仆射谢躬讨郎，光武因大飨士卒，遂东围巨鹿。王郎守将王饶坚守，月余不下。郎遣将倪宏、刘奉率数万人救巨鹿，光武逆战于南𦭎，斩首数千级。四月，进围邯郸，连战破之。五月甲辰，拔其城，诛王郎。收文书，得吏人与郎交关谤毁者数千章。光武不省，会诸将军烧之，曰："令反侧子自安。"

【译文】

更始二年正月，光武因为王郎新近强盛，便北上巡行蓟城。王郎发出檄文，愿以封给十万户食邑的奖赏捉拿光武。已故广阳王刘嘉的儿子刘接在蓟城起兵响应王郎，于是蓟城内部混乱，人们相继惊恐起来，又有传言说邯郸的使者就要到来，品秩二千石以下的官员都要出城迎接。于是光武急忙驾车南奔，白天黑夜都不敢进城，只得在大路旁睡觉吃饭。到了饶阳，随从都没吃的了。光武便自称是邯郸来的使者，进入客馆。客馆的吏人刚刚送进饭来，光武的随从们饿坏了，一看到饭就抢起来。客馆的吏人因此怀疑光武他们有假，便把鼓敲了数十通，假装说邯郸的将军来到，随从们都大惊失色。光武登上车子要跑，接着又担心邯郸的将军真的来了，自己是跑不掉的，便慢慢地坐下，说："请邯郸将军进来。"等了许久，才驾车离去。客馆中的吏人喊话叫守城门的人把光武一行关在城里。看门的官员却说："天下将来归谁难道能预先知道，现在就把尊贵的人关起来吗？"于是光武一行得以出了南门。他们日夜兼程，冒着严冬的雪霜，当时的天气正冷，大家的脸都冻裂了。到了呼沱河，河边没有渡船，恰巧河面封冻，能够过河。可队伍还没有完全过去，就有好几辆车陷进水里。行进到下博县城西，他们惶惑起来，不知该往哪里去。这时有位白衣老人站在道旁，用手指着说："加把劲儿吧！信都郡的人还在为长安政权坚守着，那儿离这里有八十里。"光武马上赶到信都。信都太守任光打开城门出来迎接。于是光武调拨周围各县的兵马，得到四千人，先攻打堂阳、贳县，这两处都投降了光武。王莽的和戎郡卒正邳彤也带领该郡投降。又有昌城县人刘植、宋子县人耿纯，率领自己同宗的亲属和子弟，占领了各自的县城，来拥戴光武。于是向北降服了下曲阳县，人马渐渐聚集起来，愿意依附光武的人达到好几万。

光武又北上攻打中山国，占领了卢奴县。凡所经过的郡县，光武便调拨"奔命兵"，又传送檄文到边境各部，要他们一起攻打邯郸，各郡县答复表示响应。光武又向南出击新市县、真定县、元氏县、防子县，都一一攻克了，于是进入赵地。

寇恂（？—36），字子翼，上谷昌平（属今北京市）人。东汉名将，"云台二十八将"之一。

这时王郎的大将李育在柏人县屯兵，汉军不知道此事，向前进军，先头部队的偏将朱浮、邓禹被李育打败，失掉了装备和粮草。在后的光武得知消息，收集了朱浮、邓禹的散兵，和李育在柏人城门交战，大破李育军，全部夺回了李育从朱浮、邓禹那里夺去的装备和粮草。李育退回，坚守城池。光武攻城不下，就领兵攻下了广阿县。正巧这时上谷太守耿况、渔阳太守彭宠各派自己的将领吴汉、寇恂等率领骑兵突击队来协助打击王郎，更始帝也派尚书仆射谢躬来讨伐王郎。光武乘机重重犒劳士兵，之后向东进军包围巨鹿。王郎的守城将领王饶坚守城中，一个多月未能攻下。王郎派遣将领倪宏、刘奉率领数万人马援救巨鹿，光武在南䜌县迎战援军，杀了对方好几千人。四月，光武进军包围了邯郸，连战连胜。五月甲辰日，占领了全城，杀了王郎。光武收集王郎的公文档案，得到自己的部下和王郎勾结诽谤自己的书信有数千件。他对这些信函连看也不看，反而把将领们召集起来，当着他们的面烧掉。光武说："让那些睡不着觉的人安下心来。"

【原文】

更始遣侍御史持节立光武为萧王，悉令罢兵诣行在所。光武辞以河北未平，不就征。自是始贰于更始。

是时，长安政乱，四方背叛。梁王刘永擅命睢阳，公孙述称王巴蜀，李宪自立为淮南王，秦丰自号楚黎王，张步起琅邪，董宪起东海，延岑起汉中，田戎起夷陵，并置将帅，侵略郡县。又别号诸贼铜马、大肜、高湖、重连、铁胫、大抢、尤来、上江、青犊、五校、檀乡、五幡、五楼、富平、获索等，各领部曲，众合数百万人，所在寇掠。

【译文】

更始帝派侍御史持符节立光武为萧王，让他交出所有的兵权，到更始所在的地方去。光武以河北尚未平定为由推辞，不接受更始的征召。从此他开始对更始帝怀有二心。

这时长安政治混乱，各地都背叛更始。梁王刘永在睢阳专擅一方，公孙述在巴蜀自称为王，李宪自封为淮南王，秦丰自号为楚黎王，张步在琅邪起兵，董宪在东海叛乱，延岑在汉中造反，田戎在夷陵发难，他们竞相立将封帅，侵夺各郡县。还有各种名号的队伍如铜马、大肜、高湖、重连、铁胫、大抢、尤来、上江、青犊、五校、檀乡、五幡、五楼、富平、获索等，各自统率部属，各路乱兵合计有数百万人，到处侵害抢掠。

【原文】

光武将击之，先遣吴汉北发十郡兵。幽州牧苗曾不从，汉遂斩曾而发其众。

【译文】

光武将要征伐他们，便先派吴汉北上调发十郡的人马。幽州牧苗曾不听从命令，吴汉就杀了苗曾并调发了他的军队。

【原文】

秋，光武击铜马于鄡，吴汉将突骑来会清阳。贼数挑战，光武坚营自守；有出关卤掠者，辄击取之，绝其粮道。积月余日，贼食尽，夜遁去，追至馆陶，大破之。受降未尽，而高湖、重连从东南来，与铜马余众合，光武复与大战于蒲阳，悉破降之，封其渠帅为列侯。降者犹不自安，光武知其意，敕令各归营勒兵，乃自乘轻骑按行部陈。降者更相语曰："萧王推赤心置人腹中，安得不投死乎！"由是皆服。悉将降人分配诸将，众遂数十万，故关西号光武为"铜马帝"。

【译文】

秋天，光武在鄡县攻打铜马军，吴汉率领骑兵突击队在清阳县和光武会合。铜马军数次挑战，光武加固营垒自保；铜马军中有人出去虏掠时，光武就出击消灭他们，并且断绝了铜马军运送粮草的通路。过了一个多月，铜马军粮食吃尽，只得乘夜逃离，光武追击到馆陶县，大破铜马军。受降的事宜还没有了结，高湖、重连两支人马便从东南来到，和铜马的余部会合，光武又和他们在蒲阳大战，把高湖、重连及铜马余部全部打败并迫降了他们，把投降的将帅封为列侯。但投降的将领仍不放心，光武知道他们的心思，便命令他们各自回营统率约束部队，自己则乘轻骑视察巡行各营阵地。投降的人都说："萧王待人推心置腹，我们哪能不以死效力！"从此都诚服了。光武将降兵全部分配给各部将领，人马达到数十万，所以关西称光武是"铜马帝"。

【原文】

赤眉别帅与大肜、青犊十余万众在射犬，光武进击，大破之，众皆散走。使吴汉、岑彭袭杀谢躬于邺。

【译文】

赤眉别部的将领和大肜、青犊军的十多万人驻扎在射犬，光武向他们发起攻击，大败敌军，十多万人都逃散了。光武派吴汉、岑彭偷袭邺城，杀了谢躬。

【原文】

青犊、赤眉贼入函谷关，攻更始。光武乃遣邓禹率六裨将引兵而西，以乘更始、赤眉之乱。时更始使大司马朱鲔、舞阴王李轶等屯洛阳，光武亦令冯异守孟津以拒之。

【译文】

青犊、赤眉军进入函谷关，攻打更始帝。光武便派邓禹率领六位副将向西进军，以便从更始、赤眉的混战中获益。这时更始派大司马朱鲔、舞阴王李轶等在洛阳屯兵，光武也命令冯异驻守孟津来防御他们。

【原文】

建武元年春正月，平陵人方望立前孺子刘婴为天子，更始遣丞相李松击斩之。

【译文】

建武元年春正月，平陵人方望立前汉孺子刘婴为天子，更始帝派丞相李松杀了刘婴。

【原文】

光武北击尤来、大抢、五幡于元氏，追至右北平，连破之。又战于顺水北，乘胜轻进，反为所败。贼追急，短兵接，光武自投高岸，遇突骑王丰，下马授光武，光武抚其肩而上，顾笑谓耿弇曰："几为虏嗤。"弇频射却贼，得免。士卒死者数千人，散兵归保范阳。军中不见光武，或云已殁，诸将不知所为。吴汉曰："卿曹努力！王兄子在南阳，何忧无主？"众恐惧，数日乃定。贼虽战胜，而素慑大威，客主不相知，夜遂引去。大军复进至安次，与战，破之，斩首三千余级。贼入渔阳，乃遣吴汉率耿弇、陈俊、马武等十二将军追战于潞东，及平谷，大破灭之。

朱鲔遣讨难将军苏茂攻温，冯异、寇恂与战，大破之，斩其将贾强。

【译文】

光武北上到元氏县，攻打尤来、大抢、五幡，追击到右北平郡，接连打败对方。两军又在顺水北岸接战，光武乘胜轻率地进军，反而被打败。尤来等部穷追不舍，两军短兵相接，光武从高坡上跳下来，遇到了骑兵突击队的王丰，王丰把马让给光武，光武按着他的肩膀上了马，回头笑着对耿弇说："几乎让强盗们笑话了。"耿弇不停地射箭，击退了敌人，光武得以脱身。这一次光武的士卒死了几千人，剩下的兵士退到范阳城中坚守。军中的人因见不到光武，有人说他已经战死了，众将都不知该怎么办。吴汉说："大家要鼓起劲来！大王哥哥刘縯的儿子在南阳，还怕以后没有主公？"大家还是害怕担心，过了好几天才安定下来。这时尤来等部虽然打了胜仗,然而他们平素畏惧光武的声威,加上双方都摸不清底细,于是他们夜里就撤退了。光武的人马随即又推进到安次县,和尤来等部交战,击溃了对方,并杀了三千多人。尤来等部进入渔阳郡,光武便派吴汉带领耿弇、陈俊、马武等十二位将军跟踪追击,在潞城东面交战,一路打到平谷县,彻底击溃并消灭了尤来等部。

这时朱鲔派讨难将军苏茂攻打温城,冯异、寇恂和他交战,大破苏茂军,杀了苏茂的大将贾强。

【原文】

于是诸将议上尊号。

【译文】

这时众将开始讨论刘秀称帝的事。

【原文】

光武从蓟还,过范阳,命收葬吏士。至中山,诸将复上奏。

【译文】

光武从蓟城返回,经过范阳县,命令收聚、埋葬死去的官吏士卒遗体。到达中山国时,众将又上奏,请求他称帝。

【原文】

行到南平棘,诸将复固请之。

【译文】

行进到南平棘,众将军又坚决请求光武就天子之位。

【原文】

行至鄗,光武先在长安时同舍生彊华自关中奉《赤伏符》,曰:"刘秀发兵捕不道,四夷云集龙斗野,四七之际火为主。"群臣因复奏曰:"受命之符,人应为大,万里合信,不议同情,周之白鱼,曷足比焉?今上无天子，海内淆乱，符瑞之应，昭然著闻，宜答天神，以塞群望。"光武于是命有司设坛场于鄗南千秋亭五成陌。

【译文】

到了鄗县，光武以前在长安学习时住在一个房间的书生彊华，从关中献来《赤伏符》，其中说："刘秀起兵捉拿无道的人，四方各族云集，像群龙搏斗于原野，二百二十八年之际火德为数运之主。"群臣乘机又进言说："受天命的符瑞，以有人事应验的为上。万里之外的物象与符命正合，众人不谋而同心，就是周武王的白鱼之应，又怎能和这相比？现在万民之上没有天子，四海之内混乱，天降的吉兆在人世间的应验明白无误，人所共知，您应该回应天神，以满足大家的愿望。"光武于是命令官员们在鄗城南面的千秋亭五成陌设立祭天的坛场。

青铜斧车　1969年10月出土于甘肃省武威雷台的东汉晚期砖墓。

【原文】

六月己未，即皇帝位。

【译文】

六月己未日，光武登皇帝位。

【原文】

初，帝在兵间久，厌武事，且知天下疲耗，思乐息肩。自陇、蜀平后，非儆急，未尝复言军旅。皇太子尝问攻战之事，帝曰："昔卫灵公问陈，孔子不对，此非尔所及。"每旦视朝，日仄乃罢。数引公卿、郎、将讲论经理，夜分乃寐。皇太子见帝勤劳不怠，承间谏曰："陛下有禹、汤之明，而失黄、老养性之福，愿颐爱精神，优游自宁。"帝曰："我自乐此，不为疲也。"

虽身济大业，兢兢如不及，故能明慎政体，总揽权纲，量时度力，举无过事。退功臣而进文吏，戢弓矢而散马牛，虽道未方古，斯亦止戈之武焉。

【译文】

光武帝从戎时间很长，厌倦战争，再加上他又知道天下疲敝虚耗，都向往太平安乐休养生息。自从陇、蜀两地平定以后，不是非常紧急的事情，光武就不再提征战之事。皇太子曾经问他攻战的事，光武帝说："过去卫灵公向孔子问列阵用兵的事，孔子不回答他。这些事不是你所能知道的。"光武帝每天一早上朝视事，一直到太阳偏西才休息。他经常带领公卿、郎官、将领们讨论经书的义理，半夜时候才睡觉。皇太子见他勤苦劳累，从不懈怠，看中机会劝谏说："您有如同大禹和商汤一样的贤明，却丢掉黄帝、老子养性的福气，愿您能保养珍惜精神，悠闲自得求得安宁。"光武帝说："我自己很乐意干这些，不能算是疲倦啊。"光武帝虽然自己成就了大业，却处事谨慎，如同没有成就一样，所以能明智谨慎地处置政事，总揽政权朝纲，审度时势，权衡国力，国家大事很少有大的失误。他减少开国功臣的权力而提拔文官执政，收起兵器而把军用的马牛散至民间放牧，即使他的治国之道还不能与古代圣贤并驾齐驱，但这也是能制止战争发生的武德啊。

孝献帝纪

【题解】

汉献帝刘协(181—234)，东汉最后一位皇帝，汉灵帝刘宏的儿子，汉少帝刘辩的弟弟，原封陈留王。建安元年（196）被曹操迎到许都，成为曹操的傀儡。在位时天下大乱，战火四起。曹操死后，曹丕称帝，献帝被迫退位，改封山阳公。234年3月，悄然病逝，葬于禅陵。

【原文】

孝献皇帝讳协，灵帝中子也。母王美人，为何皇后所害。中平六年四月，少帝即位，封帝为渤海王，徙封陈留王。

【译文】
　　汉献帝名刘协,是汉灵帝的中子,刘协的母亲王美人被何皇后杀害。中平六年四月,少帝刘辩即位,封刘协为渤海王,后又迁封为陈留王。

【原文】
　　九月甲戌,即皇帝位,年九岁。迁皇太后于永安宫。大赦天下。改昭宁为永汉。丙子,董卓杀皇太后何氏。

【译文】
　　九月甲戌日,刘协即皇帝位,当时才九岁。把皇太后迁到永安宫。大赦全国犯人。改年号昭宁为永汉。丙子日,董卓杀死皇太后何氏。

【原文】
　　初令侍中、给事黄门侍郎员各六人。赐公卿以下至黄门侍郎家一人为郎,以补宦官所领诸署,侍于殿上。乙酉,以太尉刘虞为大司马。董卓自为太尉,加铁钺、虎贲。丙戌,太中大夫杨彪为司空。甲午,豫州牧黄琬为司徒。遣使吊祠故太傅陈蕃、大将军窦武等。冬十月乙巳,葬灵思皇后。白波贼寇河东,董卓遣其将牛辅击之。

【译文】
　　开始规定侍中、给事黄门侍郎各六名。赐给公卿以下至黄门侍郎每家一人作为郎,用来补充宦官所领管的各个部门,并在殿上侍奉。乙酉日,任命太尉刘虞为大司马。董卓自封为太尉,外加铁钺仪仗、虎贲卫士。丙戌日,太中大夫杨彪升为司空。甲午日,豫州牧黄琬升为司徒。派遣使臣到祠庙祭吊已故太傅陈蕃、大将军窦武等。冬季十月乙巳日,为灵思皇后举行葬礼。白波贼侵犯河东,董卓派遣他的将领牛辅前去攻打。

【原文】
　　十一月癸酉,董卓为相国。十二月戊戌,司徒黄琬为太尉,司空杨彪为司徒,光禄勋荀爽为司空。省扶风都尉，置汉安都护。诏除光熹、昭宁、永汉三号，还复中平六年。

【译文】

十一月癸酉日，董卓自封为相国。十二月戊戌日，司徒黄琬升为太尉，司空杨彪升为司徒，光禄勋荀爽升为司空。裁去扶风都尉，设置汉安都护。颁布诏书除去光熹、昭宁、永汉三个年号，仍然恢复中平六年的年号。

【原文】

初平元年春正月，山东州郡起兵以讨董卓。辛亥，大赦天下。癸酉，董卓杀弘农王。白波贼寇东郡。

二月乙亥，太尉黄琬、司徒杨彪免。庚辰，董卓杀城门校尉伍琼、督军校尉周珌。以光禄勋赵谦为太尉，太仆王允为司徒。丁亥，迁都长安。董卓驱徙京师百姓悉西入关，自留屯毕圭苑。壬辰，白虹贯日。

三月乙巳，车驾入长安，幸未央宫。己酉，董卓焚洛阳宫庙及人家。戊午，董卓杀太傅袁隗、太仆袁基，夷其族。

【译文】

初平元年春正月，崤山以东各州郡起兵讨伐董卓。辛亥日，大赦全国犯人。癸酉日，董卓杀死了弘农王。白波贼又侵犯东郡。

二月乙亥日，罢免太尉黄琬、司徒杨彪。庚辰日，董卓杀死城门校尉伍琼、督军校尉周珌。任命光禄勋赵谦为太尉，太仆王允为司徒。丁亥日，将都城迁到长安。董卓驱赶京城内的百姓全部向西迁移入关内。自己留在毕圭苑屯驻。壬辰日，白色长虹穿过太阳。

三月乙巳日，皇帝御驾驶入长安，到达未央宫。己酉日，董卓放火焚烧洛阳城内的宫殿、庙宇及民房。戊午日，董卓杀害了太傅袁隗、太仆袁基，并诛杀了他们的族人。

青铜持戟骑士俑　马高39厘米，长33.5厘米，戟长19厘米。1969年出土于甘肃武威雷台，现藏于甘肃省历史博物馆。

【原文】

夏五月，司空荀爽薨。六月辛丑，光禄大夫种拂为司空。大鸿胪韩融、少府阴修、执金吾胡母班、将作大匠吴修、越骑校尉王瑰安集关东，后将军袁术、河内太守王匡各执而杀之，惟韩融获免。董卓坏五铢钱，更铸小钱。

【译文】

夏五月，司空荀爽去世。六月辛丑日，任命光禄大夫种拂为司空。大鸿胪韩融、少府阴修、执金吾胡母班、将作大匠吴修、越骑校尉王瑰到关东安抚收集离散，后将军袁术、河内太守王匡分别将他们逮捕并杀害，惟独韩融幸免。董卓废除五铢钱，改铸小钱使用。

【原文】

冬十一月庚戌，镇星、荧惑、太白合于尾。

【译文】

冬季十一月庚戌日，镇星、荧惑、太白三颗星在苍龙七宿的第六宿尾相汇合。

【原文】

是岁，有司奏和、安、顺、桓四帝无功德，不宜称宗；又恭怀、敬隐、恭愍三皇后并非正嫡，不合称后，皆请除尊号。制曰："可。"孙坚杀荆州刺史王叡，又杀南阳太守张咨。

【译文】

这一年，有关部门奏报，和帝穆宗、安帝恭宗、顺帝敬宗、桓帝威宗四位皇帝因为没什么功德，称号为宗不适宜，又因为和帝母亲恭怀皇后、安帝的祖母敬隐皇后、顺帝母亲恭愍皇后并非嫡妻，称为皇后也不适宜，请求将他们的尊号都除去。刘协批示："可以。"孙坚杀死荆州刺史王叡，又杀死南阳太守张咨。

【原文】

二年春正月辛丑，大赦天下。二月丁丑，董卓自为太师。

【译文】

初平二年春正月辛丑日，大赦全国犯人。二月丁丑日，董卓自封为太师。

【原文】

袁术遣将孙坚与董卓将胡轸战于阳人，轸军大败。董卓遂发掘洛阳诸帝陵。夏四月，董卓入长安。六月丙戌。地震。秋七月，司空种拂免，光禄大夫济南淳于嘉为司空。太尉赵谦罢，太常马日䃅为太尉。九月，蚩尤旗见于角、亢。冬十月壬戌，董卓杀卫尉张温。十一月，青州黄巾寇太山，太山太守应劭击破之。黄巾转寇渤海，公孙瓒与战于东光，复大破之。是岁，长沙有人死经月复活。

【译文】

袁术派遣大将孙坚与董卓的大将胡轸在阳人大战，胡轸的军队大败。于是董卓挖掘了在洛阳诸帝王的陵墓。夏季四月，董卓进入长安。六月丙戌日，发生地震。秋季七月，司空种拂免官，光禄大夫济南淳于嘉升为司空。太尉赵谦免职，太常马日䃅升为太尉。九月，蚩尤旗星出现在苍龙星角、亢星中。冬十一月壬戌日，董卓杀死卫尉张温。十一月，青州黄巾军侵犯太山，被太山太守应劭击败。黄巾军转而侵犯渤海，与公孙瓒大战于东光，再次被打败。这年，长沙有人死了一个月后又复活。

【原文】

三年春正月丁丑，大赦天下。

【译文】

初平三年春正月丁丑日，大赦全国犯人。

【原文】

　　袁术遣将孙坚攻刘表于襄阳，坚战殁。袁绍及公孙瓒战于界桥，瓒军大败。夏四月辛巳，诛董卓，夷三族。司徒王允录尚书事，总朝政，遣使者张种抚慰山东。青州黄巾击杀兖州刺史刘岱于东平。东郡太守曹操大破黄巾于寿张，降之。五月丁酉，大赦天下。丁未，征西将军皇甫嵩为车骑将军。

【译文】

　　袁术派遣大将孙坚到襄阳攻打刘表，孙坚战死。袁绍与公孙瓒在界桥相战，公孙瓒的军队大败。夏四月辛巳日，杀死董卓，并诛杀了他的三族。司徒王允总领尚书事，掌管朝政，派遣使臣张种去崤山以东安抚慰问。青州黄巾军攻打兖州，在东平杀死兖州刺史刘岱。东郡太守曹操在寿张大败黄巾军，迫使黄巾军投降。五月丁酉日，大赦全国犯人。丁未日，征西将军皇甫嵩升为车骑将军。

曹操　字孟德，小名阿瞒、吉利，沛国谯县（今安徽亳州）人。东汉末年杰出的政治家、军事家和诗人。

【原文】

　　董卓部曲将李傕、郭汜、樊稠、张济等反，攻京师。六月戊午，陷长安城，太常种拂、太仆鲁旭、大鸿胪周奂、城门校尉崔烈、越骑校尉王颀并战殁，吏民死者万余人。李傕等并自为将军。己未，大赦天下。

【译文】

　　董卓的部下将领李傕、郭汜、樊稠、张济等谋反，攻打京师。六月戊午日，攻陷京城长安，太常种拂、太仆鲁旭、大鸿胪周奂、城门校尉崔烈、越骑校尉王颀都战死，官吏百姓死一万余人。李傕诸人都自封为将军。己未日，大赦全国犯人。

【原文】

　　李傕杀司隶校尉黄琬，甲子，杀司徒王允，皆灭其族。丙子，前将军赵谦为司徒。

【译文】

　　李傕杀死司隶校尉黄琬，甲子日，又杀死司徒王允，将两家族人一并诛灭。丙子日，前将军赵谦升为司徒。

【原文】

　　秋七月庚子，太尉马日䃅为太傅，录尚书事。八月，遣日䃅及太仆赵岐，持节慰抚天下。车骑将军皇甫嵩为太尉。司徒赵谦罢。

【译文】

　　秋七月庚子日，太尉马日䃅升为太傅，总领尚书事。八月，派遣马日䃅与太仆赵岐，持符节前往全国各地慰问安抚。车骑将军皇甫嵩升为太尉。罢免司徒赵谦。

【原文】

　　九月，李傕自为车骑将军，郭汜后将军，樊稠右将军，张济镇东将军。济出屯弘农。甲申，司空淳于嘉为司徒。光禄大夫杨彪为司空。并录尚书事。冬十二月，太尉皇甫嵩免。光禄大夫周忠为太尉，参录尚书事。

【译文】

　　九月，李傕自封为车骑将军，郭汜为后将军，樊稠为右将军，张济为镇东将军。张济出兵屯驻弘农。甲申日，司空淳于嘉升为司徒，光禄大夫杨彪升为司空，都总领尚书事。冬十二月，太尉皇甫嵩被免官。光禄大夫周忠升为太尉，参与总领尚书事。

【原文】

　　四年春正月甲寅朔，日有食之。丁卯，大赦天下。三月，袁术杀扬州刺史陈温，据淮南。长安宣平城门外屋自坏。夏五月癸酉，无云而雷。六月，扶风大雨雹。华山崩裂。太尉周忠免，太仆朱俊为太尉，录尚书事。下邳贼阙宣自称天子。雨水。遣侍御史裴茂讯诏狱，原轻系。六月辛丑，天狗西北行。九月甲午，试儒生四十余人，上第赐位郎中，次太子舍人，下第者罢之。诏曰："孔子叹'学之不讲'，不讲则所识日忘。今耆儒年逾六十，去离本土，营求粮资，不得专业，结童入学，白首空归，长委农野，永绝荣望，朕甚愍焉。其依科罢者，听为太子舍人。"冬十月，太学行礼，车驾幸永福城门，临观其仪，赐博士以下各有差。辛丑，京师地震。有星孛于天市。司空杨彪免，太常赵温为司空。公孙瓒杀大司马刘虞。十二月辛丑，地震。司空赵温免，乙巳，卫尉张喜为司空。是岁，琅邪王容薨。

【译文】

初平四年春正月初一甲寅日，出现日食。丁卯日，大赦全国犯人。三月，袁术杀害扬州刺史陈温，占据淮南。长安宣平城门外有房屋无故自己倒塌。夏五月癸酉日，天空有雷声但没有阴云。六月，扶风刮起大风，并下雨加冰雹。华山出现山崩。太尉周忠被免官，太仆朱俊为太尉，总领尚书事。下邳的贼人阙宣自称天子。大雨。派遣御史裴茂审讯奉皇帝命令拘禁的犯人，酌情从轻处理。六月辛丑日，西北出现天狗星。九月甲午日，儒生四十余人参加考试，考试成绩最优等的赐为郎中，差一点的为太子舍人，落第者罢免官职。并颁布诏书说："孔子曾叹息'所学的不讲习'。不讲习，所学的知识就会逐日忘记。现在这些老年儒生已年过六十，背井离乡，为生存奔波，不能专心于所学知识。从幼小时入学，直到头发白了空空而归，长年地从事田间劳作，断绝了做官的念头，我非常同情他们。依照规定应罢官的人，仍保留为太子舍人。"冬十月，皇帝到太学巡视，车驾到永福城门，观看太学生们的礼仪，分等级赏赐博士以下的人。辛丑日，京城发生地震，彗星扫过天市星。司空杨彪被罢免，太常赵温升为司空。公孙瓒杀死大司马刘虞。十二月辛丑日，发生地震。司空赵温被免官。乙巳日，卫尉张喜升为司空。这一年，琅邪王刘容去世。

【原文】

兴平元年春正月辛酉，大赦天下，改元兴平。甲子，帝加元服。二月壬午，追尊谥皇妣王氏为灵怀皇后，甲申，改葬于文昭陵。丁亥，帝耕于藉田。

【译文】

兴平元年春正月辛酉日，大赦全国犯人，改年号为兴平。甲子日，皇帝举行加冕礼。二月壬午日，追封皇母王氏谥号为灵怀皇后，甲申日，将皇母改葬在文昭陵。丁亥日，皇帝耕种藉田。

【原文】

三月，韩遂、马腾与郭汜、樊稠战于长平观，遂、腾败绩，左中郎将刘范、前益州刺史种劭战殁。夏六月丙子，分凉州、河西四郡为雍州。丁丑，地震；戊寅，又震。乙巳晦，日有食之，帝避正殿，寝兵，不听事五日。大蝗。秋七月壬子，太尉朱俊免。戊午，太常杨彪为太尉，录尚书事。

【译文】

三月，韩遂、马腾与郭汜、樊稠在长平观大战，韩遂、马腾战败，左中郎将刘范、前益州刺史种邵战死。夏六月丙子日，分凉州、河西四郡为雍州。丁丑日，发生地震；戊寅日，再次地震。乙巳晦，有日食出现，皇帝不去正殿，停止用兵，五天不上朝听政。有严重蝗虫灾害。秋七月壬子日，太尉朱俊被免职。戊午日，太常杨彪升为太尉，总领尚书事。

【原文】

三辅大旱，自四月至于是月，帝避正殿请雨，遣使者洗囚徒，原轻系。是时谷一斛五十万，豆麦一斛二十万，人相食啖，白骨委积。帝使侍御史侯汶出太仓米豆，为饥人作糜粥，经日而死者无降，帝疑赋恤有虚，乃亲于御坐前量试作糜，乃知非实。使侍中刘艾出让有司。于是尚书令以下皆诣省阁谢，奏收侯汶考实。诏曰："未忍致汝于理,可杖五十。"自是之后,多得全济。八月,冯翊羌叛,寇属县,郭汜、樊稠击破之。九月,桑复生椹,人得以食。司徒淳于嘉罢。冬十月,长安市门自坏。以卫尉赵温为司徒,录尚书事。十二月,分安定、扶风为新平郡。

【译文】

三辅地区发生严重的旱灾,自四月开始,直到这月。皇帝不去正殿,请求降雨,派遣使者释放囚徒,酌情从轻处理。这时,一斛谷价值五十万钱,一斛豆麦价值二十万钱,人吃人,四处堆积着白骨。皇帝派侍御史侯汶取出太仓的米豆,给饥饿的人做粥,过了一天死者仍没减少。皇帝怀疑发放的救济有虚假,于是亲自在御坐前叫人量米做饭,才知果然有假。派遣侍中刘艾责备有关部门。于是,尚书令以下所有官吏到宫中谢罪,奏请拘捕侯汶审问。颁布诏书说:"不忍心将侯汶治罪,可以杖打五十。"自此以后,很多人得到救济活了下来。八月,冯翊羌人叛乱,侵犯所属各县,郭汜、樊稠战胜了叛军。九月,桑树又结出桑椹,饥民有东西可吃。司徒淳于嘉罢免。冬季十月,长安市门自己塌坏。任命卫尉赵温为司徒,总领尚书事务。十二月,将安定、扶风分出划为新平郡。

【原文】

是岁,扬州刺史刘繇与袁术将孙策战于曲阿,繇军败绩,孙策遂据江东。太傅马日䃅薨于寿春。

【译文】

这一年,扬州刺史刘繇与袁术的大将孙策在曲阿大战,刘繇的军队大败,孙策乘胜占据江东。太傅马日䃅在寿春去世。

【原文】

二年春正月癸丑,大赦天下。二月乙亥,李傕杀樊稠而与郭汜相攻。三月丙寅,李傕胁帝幸其营,焚宫室。夏四月甲午,立贵人伏氏为皇后。丁酉,郭汜攻李傕,矢及御前。是日,李傕移帝幸北坞。大旱。五月壬午,李傕自为大司马。六月庚午,张济自陕来和傕、汜。秋七月甲子,车驾东归。郭汜自为车骑将军,杨定为后将军,杨奉为兴义将军,董承为安集将军,并侍送乘舆。张济为骠骑将军,还屯陕。八月甲辰,幸新丰。冬十月戊戌,郭汜使其将伍习夜烧所幸学舍,逼胁乘舆。杨定、杨奉与郭汜战,破之。壬寅,幸华阴,露次道南。是夜,有赤气贯紫宫。张济复反,与李傕、郭汜合。十一月庚午,李傕、郭汜等追乘舆,战于东涧,王师败绩,杀光禄勋邓泉、卫尉士孙瑞、廷尉宣播、大长秋苗祀、步兵校尉魏桀、侍中朱展、射声校尉沮俊。壬申,幸曹阳,露次田中。杨奉、董承引白波师胡才、李乐、韩暹及匈奴左贤王去卑,率师奉迎,与李傕等战,破之。十二月庚辰,车驾乃进。李傕等复来追战,王师大败,杀略宫人,少府田芬、大司农张义等皆战殁。进幸陕,夜度河。乙亥,幸安邑。

【译文】

兴平二年春正月癸丑日,大赦全国犯人。二月乙亥日,李傕因杀死樊稠而与郭汜相互攻打。三月丙寅日,李傕胁迫皇帝到他的军营中,并放火焚烧了宫室。夏季四月甲午日,立贵人伏氏为皇后。丁酉日,郭汜攻打李傕,箭射到了皇帝的面前。这一日,李傕将皇帝转移到北坞。发生严重的旱灾。五月壬午日,李傕自封为大司马。六月庚午日,张济从陕地来为李傕、郭汜和好。秋七月甲子日,皇帝车驾东归。郭汜自封为车骑将军,杨定为后将军、杨奉为兴义将军、董承为安集将军,一起护送皇帝车驾。任命张济为骠骑将军,仍然屯驻陕地。八月甲辰日,皇帝到新丰。冬十月戊戌日,郭汜派他的将领伍习趁夜放火焚烧了皇帝居住的学舍,胁迫皇帝车驾起程。杨定、杨奉与郭汜大战,郭汜战败。壬寅日,皇帝到华阴,露宿在大道南面。这天夜里,有红光贯穿紫微星区。张济再次反叛,与李傕、郭汜汇合。十一月庚午日,李傕、郭汜等追赶皇帝车驾,在东涧相战,皇帝军队惨

东汉弩机　最早安装在木架上,其前部用来固定弓,箭镞置于槽中央穿过柄和机器飞出。

败，杀死了光禄勋邓泉、卫尉士孙瑞、廷尉宣播、大长秋苗祀、步兵校尉魏桀、侍中朱展、射声校尉沮俊。壬申日，皇帝到曹阳，露宿在田野中。杨奉、董承带领白波军将领胡才、李乐、韩暹及匈奴左贤王去卑，率军队迎接皇帝，与李傕等大战，李傕大败。十二月庚辰日，皇帝车驾前行。李傕等又追来相战，皇帝军队大败，李傕等残杀抢劫宫人，少府田芬、大司农张义等都战死。皇帝继续前行，到达陕地，夜晚渡过黄河。乙亥日，到达安邑。

【原文】

是岁，袁绍遣将麹义与公孙瓒战于鲍丘，瓒军大败。

【译文】

这一年，袁绍派遣将领麹义与公孙瓒在鲍丘大战，公孙瓒的军队惨败。

【原文】

建安元年春正月癸酉，郊礼上帝于安邑，大赦天下，改元建安。二月，韩暹攻卫将军董承。夏六月乙未，幸闻喜。秋七月甲子，车驾至洛阳，幸故中常侍赵忠宅。丁丑，郊祀上帝，大赦天下。己卯，谒太庙。八月辛丑，幸南宫杨安殿。癸卯，安国将军张杨为大司马，韩暹为大将军，杨奉为车骑将军。

【译文】

建安元年春正月癸酉日，在安邑郊外祭祀上帝，大赦全国犯人，改年号为建安元年。三月，韩暹攻击卫将军董承。夏六月乙未日，皇帝到达闻喜。秋七月甲子日，皇帝车驾到洛阳，到已故中常侍赵忠的府中。丁丑日，在郊外祭祀上帝，大赦全国犯人。己卯日，朝拜太庙。八月辛丑日，皇帝到南宫杨安殿。癸卯日，安国将军张杨升为大司马，韩暹升为大将军，杨奉升为车骑将军。

【原文】

是时，宫室烧尽，百官披荆棘，依墙壁间。州郡各拥强兵，而委输不至，群僚饥乏，尚书郎以下自出采稆，或饥死墙壁间，或为兵士所杀。辛亥，镇东将军曹操自领司隶校尉，录尚书事。曹操杀侍中台崇、尚书冯硕等。封卫将军董承为辅国将军，伏完等十三人为列侯，赠沮俊为弘农太守。庚申，迁都许。己巳，幸曹操营。九月，太尉杨彪、司空张喜罢。冬十一月丙戌，曹操自为司空，行车骑将军事，百官总已以听。

【译文】
这时，宫室都被烧光，百官披荆斩棘，在墙壁之间栖身。各州郡都拥有强大的军队与朝廷对抗，该运送的粮食又不到，群臣饥饿疲乏，尚书郎以下的官吏自己出来采集野谷充饥，有的饿死在墙壁之间，有的被士兵杀死。辛亥日，镇东将军曹操自封司隶校尉，总领尚书事务。曹操杀死侍中台崇、尚书冯硕等人。任命卫将军董承为辅国将军，封伏完等十三人为列侯，任命沮俊为弘农太守。庚申日，迁都城到许。己巳日，皇帝到曹操军营中。九月，罢免太尉杨彪、司空张喜。冬十一月丙戌日，曹操自封为司空，行使车骑将军的职权，总领百官。

【原文】
二年春，袁术自称天子。三月，袁绍自为大将军。夏五月，蝗。秋九月，汉水溢。是岁饥，江淮间民相食。袁术杀陈王宠。孙策遣使奉贡。

【译文】
建安二年春季，袁术自称为天子。三月，袁绍自封为大将军。夏五月，发生蝗虫灾害。秋九月，汉水泛滥。这年发生饥荒，江、淮地区的百姓相互残食。袁术杀死陈王宠。孙策派遣使者向朝廷进贡。

【原文】
三年夏四月，遣谒者裴茂率中郎将段煨讨李傕，夷三族。吕布叛。冬十一月，盗杀大司马张杨。十二月癸酉，曹操击吕布于徐州，斩之。

【译文】

建安三年夏四月，派遣谒者裴茂率领中郎将段煨讨伐李傕，并诛杀其三族。吕布叛乱。冬十一月，强盗杀死大司马张杨。十二月癸酉日，曹操在徐州出击吕布，杀死了吕布。

【原文】

四年春三月，袁绍攻公孙瓒于易京，获之。卫将军董承为车骑将军。夏六月，袁术死。是岁，初置尚书左右仆射。武陵女子死十四日复活。

【译文】

建安四年春三月，袁绍在易京攻打公孙瓒，将其俘虏。卫将军董承升为车骑将军。夏六月，袁术死去。这一年，开始设置尚书左右仆射。武陵一女子死了十四天又复活了。

【原文】

五年春正月，车骑将军董承、偏将军王服、越骑校尉种辑受密诏诛曹操，事泄。壬午，曹操杀董承等，夷三族。秋七月，立皇子冯为南阳王。壬午，南阳王冯薨。

【译文】

建安五年春正月，车骑将军董承、偏将军王服、越骑校尉种辑接受皇帝的密诏诛杀曹操，事情泄露。壬午日，曹操杀死董承等人，并诛杀其三族。秋七月，立皇子刘冯为南阳王。壬午日，南阳王刘冯去世。

【原文】

九月庚午朔，日食之。诏三公举至孝二人，九卿、校尉、郡国守相各一人。皆上封事，靡有所讳。曹操与袁绍战于官渡，绍败走。冬十月辛亥，有星孛于大梁。

【译文】

九月庚午日初一，有日食出现。颁布诏书命令三公推举最孝顺的二人，九卿、校尉、郡国守相各推举一人。让被推举的人上书，畅所欲言。曹操与袁绍在官渡大战，袁绍战败逃走。冬十月辛亥日，彗星扫过大梁星区。

【原文】

东海王祗薨。是岁，孙策死，弟权袭其余业。

六年春二月丁卯朔，日有食之。

七年夏五月庚戌，袁绍薨。于窴国献驯象。是岁，越巂男子化为女子

八年冬十月己巳，公卿初迎冬于北郊，总章始复备八佾舞。

【译文】

东海王刘祗去世。这一年，孙策去世，其弟孙权承袭孙策的事业。

建安六年春二月丁卯初一日，有日食出现。

建安七年夏五月庚戌日，袁绍去世。于窴国贡献驯象。这一年，越巂有一男子变为女子。

建安八年冬季十月己巳日，公卿在北郊开始举行迎冬祭礼，乐官又开始准备八佾舞。

孙权 （182—252），孙坚次子，字仲谋，吴郡富春县（今浙江富阳）人。三国时吴国的建立者。

【原文】

初置司直官，督中都官。九年秋八月戊寅，曹操大破袁尚，平冀州，自领冀州牧。冬十月，有星孛于东井。十二月，赐三公已下金帛各有差。自是三年一赐，以为常制。

【译文】

开始设置司直官，监督中都官。建安九年秋八月戊寅日，曹操大败袁尚，平定冀州，自封为冀州牧。冬十月，彗星扫过东井星区。十二月，按不同等级赏赐给三公以下官吏金钱布帛。自此以后每三年赏赐一次，成为常规。

【原文】

　　十年春正月，曹操破袁谭于青州，斩之。夏四月，黑山贼张燕率众降。秋九月，赐百官尤贫者金帛各有差。十一年春正月，有星孛于北斗。

【译文】

　　建安十年春正月，曹操在青州打败袁谭，杀死了他。夏四月，黑山贼寇张燕率领部下投降朝廷。秋九月，按不同等级赏赐特别贫穷的官吏金钱和布帛。建安十一年春季正月，彗星扫过北斗星。

【原文】

　　三月，曹操破高幹于并州，获之。秋七月，武威太守张猛杀雍州刺史邯郸商。
　　是岁，立故琅邪王容子熙为琅邪王。齐、北海、阜陵、下邳、常山、甘陵、济阴、平原八国皆除。

【译文】

　　三月，曹操在并州战败高幹，将其俘虏。秋七月，武威太守张猛杀死雍州刺史邯郸商。
　　这一年，立已故琅邪王刘容的儿子刘熙为琅邪王。齐、北海、阜陵、下邳、常山、甘陵、济阴、平原八国都被废除。

【原文】

　　十二年秋八月，曹操大破乌桓于柳城，斩其蹋顿。冬十月辛卯，有星孛于鹑尾。乙巳，黄巾贼杀济南王赟。十一月，辽东太守公孙康杀袁尚、袁熙。

【译文】

　　建安十二年秋八月，曹操在柳城打败乌桓，并将其首领杀死。冬十月辛卯日，彗星扫过鹑尾星。乙巳日，黄巾贼杀死济南王刘赟。十一月，辽东太守公孙康杀死袁尚、袁熙。

【原文】

　　十三年春正月，司徒赵温免。夏六月，罢三公官，置丞相、御史大夫。癸巳，曹操自为丞相。秋七月，曹操南征刘表。八月丁未，光禄勋郗虑为御史大夫。壬子，曹操杀太中大夫孔融，夷其族。是月，刘表卒，少子琮立，琮以荆州降操。冬十月癸未朔，日有食之。曹操以舟师伐孙权，权将周瑜败之于乌林、赤壁。

【译文】

　　建安十三年春正月，司徒赵温被免职。夏六月，取消三公官职，设置丞相、御史大夫。癸巳日，曹操自封为丞相。秋七月，曹操南征刘表。八月丁未日，光禄勋郗虑升为御史大夫。壬子日，曹操杀死太中大夫孔融，诛杀其族人。这一月，刘表去世，小儿子刘琮继位。刘琮带荆州投降曹操。冬十月癸未初一日，有日食现象。曹操用水军攻打孙权，孙权的将领周瑜在乌林、赤壁打败曹军。

周瑜（175—210），字公瑾，庐江舒县（今安徽庐江）人。三国时期吴国将领，杰出的军事家。

【原文】

　　十四年冬十月，荆州地震。
　　十五年春二月乙巳朔，日有食之。
　　十六年秋九月庚戌，曹操与韩遂、马超战于渭南，遂等大败，关西平。是岁，赵王赦薨。

【译文】

　　建安十四年冬十月，荆州发生地震。
　　建安十五年春二月乙巳初一日，有日食发生。
　　建安十六年秋九月庚戌日，曹操与韩遂、马超在渭南大战，韩遂等大败，曹操平定关西。这一年，赵王刘赦去世。

【原文】

　　十七年夏五月癸未，诛卫尉马腾，夷三族。六月庚寅晦，日有食之。

秋七月，洧水、颍水溢。螟。八月，马超破凉州，杀刺史韦康。九月庚戌，立皇子熙为济阴王，懿为山阳王，邈为济北王，敦为东海王。冬十二月，星孛于五诸侯。

【译文】

建安十七年夏五月癸未日，杀死卫尉马腾，并诛杀其三族。六月庚寅日，有日食现象出现。

秋七月，洧水、颍水泛滥。发生虫灾。八月，马超攻破凉州，杀死凉州刺史韦康。九月庚戌日，立皇子刘熙为济阴王，刘懿为山阳王，刘邈为济北王，刘敦为东海王。冬十二月，彗星扫过五诸侯星区。

【原文】

十八年春正月庚寅，复《禹贡》九州。夏五月丙申，曹操自立为魏公，加九锡。大雨水。徙赵王珪为博陵王。是岁，岁星、镇星、荧惑俱入太微。彭城王和薨。

【译文】

建安十八年春正月庚寅日，恢复《禹贡》所载九州。夏五月丙申日，曹操自立为魏公，加九锡。下大暴雨。将赵王刘珪迁为博陵王。这一年，岁星、镇星、荧惑都进入了太微星区。彭城王刘和去世。

【原文】

十九年，夏四月，旱。五月，雨水。刘备破刘璋，据益州。冬十月，曹操遣将夏侯渊讨宋建于枹罕。获之。十一月丁卯，曹操杀皇后伏氏，灭其族及二皇子。

【译文】

建安十九年，夏四月，天大旱。五月，有雨。刘备攻破刘璋，占据益州。冬十月，曹操派遣将领夏侯渊去枹罕讨伐宋建，将其俘虏。十一月丁卯日，曹操杀害皇后伏氏，并杀死其族人和二位皇子。

【原文】

二十年春正月甲子，立贵人曹氏为皇后。赐天下男子爵，人一级，孝悌、力田二级。赐诸王侯公卿以下谷各有差。秋七月，曹操破汉中，张鲁降。

【译文】

建安二十年春正月甲子日，立曹贵人为皇后。赐全国男子爵位一级，推举的孝悌、力田者二级。按不同等级赏赐各王侯公卿以下的人谷物。秋七月，曹操攻下汉中，张鲁投降。

【原文】

二十一年夏四月甲午，曹操自进号魏王。五月己亥朔，日有食之。秋七月，匈奴南单于来朝。是岁，曹操杀琅邪王熙，国除。

【译文】

建安二十一年夏四月甲午日，曹操自称魏王。五月己亥初一日，有日食出现。秋七月，匈奴南单于来朝见。这一年，曹操杀死琅邪王刘熙，封国被废除。

【原文】

二十二年夏六月，丞相军师华歆为御史大夫。冬，有星孛于东北。是岁大疫。

【译文】

建安二十二年夏六月，任命丞相军师华歆为御史大夫。冬季，彗星在东北方出现。这一年发生严重瘟疫。

【原文】

二十三年春正月甲子，少府耿纪、丞相司直韦晃起兵诛曹操，不克，夷三族。三月，有星孛于东方。

【译文】

建安二十三年春正月甲子日,少府耿纪、丞相司直韦晃起兵杀曹操,没有成功,结果曹操诛杀了耿纪、韦晃的三族。三月,彗星在东方出现。

【原文】

二十四年春二月壬子晦,日有食之。夏五月,刘备取汉中。

秋七月庚子,刘备自称汉中王。八月,汉水溢。冬十一月,孙权取荆州。

【译文】

建安二十四年春二月壬子日,有日食出现。夏五月,刘备攻取汉中。

秋七月庚子日,刘备自称为汉中王。八月,汉水泛滥。冬十一月,孙权攻取荆州。

【原文】

二十五年春正月庚子,魏王曹操薨。子丕袭位。二月丁未朔,日有食之。三月,改元延康。

冬十月乙卯,皇帝逊位,魏王丕称天子。奉帝为山阳公。邑一万户,位在诸侯王上,奏事不称臣,受诏不拜,以天子车服效祀天地,宗庙、祖、腊皆如汉制,都山阳之浊鹿城。四皇子封王者,皆降为列侯。

【译文】

建安二十五年春正月庚子日,魏王曹操去世。其子曹丕继位。二月丁未初一日,有日食出现。三月,改年号为延康。

冬十月乙卯日,皇帝让位,魏王曹丕称天子,尊奉皇帝为山阳公,封邑一万户,地位在诸侯王之上。奏报事情不必称臣,接受诏书不必行拜礼,可用天子的车驾衣服参加郊祀天地的仪式,祭祀宗庙、祭祖、腊祭都仍依从汉代制度,都城定在山阳的浊鹿城。皇帝四个封王的儿子,都降为列侯。

【原文】

　　　　明年，刘备称帝于蜀，孙权亦自王于吴，于是天下遂三分矣。

【译文】

　　第二年，刘备在蜀称帝，孙权在吴也自称为王，于是天下形成三分之势。

【原文】

　　　　魏青龙二年三月庚寅，山阳公薨。自逊位至薨，十有四年，年五十四，谥孝献皇帝。八月壬申，以汉天子礼仪葬于禅陵，置园邑令丞。

【译文】

　　魏青龙二年三月庚寅日，山阳公去世。从让位到去世共十四年，去世时五十四岁，谥号孝献皇帝。八月壬申日，以汉朝天子的礼仪在禅陵入葬，设置园中邑令丞。

【原文】

　　　　太子早卒，孙康立五十一年，晋太康六年薨。子瑾立四年，太康十年薨。子秋立二十年，永嘉中为胡贼所杀。国除。

【译文】

　　太子早死。孙子刘康在位五十一年，晋太康六年去世。儿子刘瑾在位四年，太康十年去世。儿子刘秋在位二十年，永嘉年间被胡贼杀死。封国废除。

【原文】

　　　　论曰：传称鼎之为器，虽小而重，故神之所宝，不可夺移。至今负而趋者，此亦穷运之归乎！天厌汉德久矣，山阳其何诛焉！

【译文】

　　评论说："史传说鼎这个器物，虽然小但很重，所以被神化为宝物，不能夺走。到了让人背着逃走时，国运也就到了尽头！上天对汉朝的德行厌倦很久了，山阳公又有什么罪过呢！"

【原文】

赞曰：献生不辰，身播国屯。终我四百，永作虞宾。

【译文】

议论说："汉献帝生不逢时，身处动荡，国遇艰难。结束了汉刘王朝四百年的历史，山阳公永远做了魏的宾客。"

光烈阴皇后纪

【题解】

光烈阴皇后，名丽华，南阳新野人。父阴睦，当地大户，母邓氏。41年被汉光武帝立为皇后，谥号"光烈皇后"。阴氏不争宠、不争权，谦恭有德，深得光武帝的宠爱。

【原文】

光烈阴皇后讳丽华，南阳新野人。初，光武适新野，闻后美，心悦之，后至长安，见执金吾车骑甚盛，因叹曰："仕宦当作执金吾，娶妻当得阴丽华。"更始元年六月，遂纳后于宛当成里，时年十九。及光武为司隶校尉，方西之洛阳，令后归新野。及邓奉起兵，后兄识为之将，后随家属徙淯阳，止于奉舍。

【译文】

光烈阴皇后名叫丽华，南阳郡新野县人。当初，光武帝到新野去，听说阴丽华是美人，心里很喜欢她。后来光武帝到了长安，见到执金吾出行时车马富丽堂皇，威武雄壮，便感叹道："做官要做执金吾，娶妻要娶阴丽华。"更始元年六月，汉武帝就在宛城当成里娶阴丽华为妻，当时阴丽华十九岁。光武帝做司隶校尉，准备向西到洛阳去时，叫阴皇后回到新野。邓奉起兵的时候，皇后的哥哥阴识做了邓奉的将军。阴皇后随着家属们徙居淯阳，住在邓奉家中。

【原文】

光武即位,令侍中傅俊迎后,与胡阳、宁平主诸宫人俱到洛阳,以后为贵人。帝以后雅性宽仁,欲崇以尊位,后固辞,以郭氏有子,终不肯当,故遂立郭皇后。建武四年,从征彭宠,生显宗于元氏。九年,有盗劫杀后母邓氏及弟䜣,帝甚伤之,乃诏大司空曰:"吾微贱之时,娶于阴氏,因将兵征伐,遂各别离。幸得安全,俱脱虎口,以贵人有母仪之美,宜立为后,而固辞弗敢当,列于媵妾。朕嘉其义让,许封诸弟。未及爵土,而遭患逢祸。母子同命,愍伤于怀。《小雅》曰:'将恐将惧,惟予与汝。将安将乐,汝转弃予。'风人之戒,可不惧乎?其追爵谥贵人父陆为宣恩哀侯,弟䜣为宣义恭侯,以弟就嗣哀侯后。及尸柩在堂,使太中大夫拜授印绶,如在国列侯礼。魂而有灵,嘉其宠荣!"

【译文】

光武帝当了皇帝后,命令侍中傅俊去迎接阴皇后,她和胡阳公主、宁平公主及各位宫女全到了洛阳,被封为贵人。光武帝由于阴皇后性情文雅、宽厚仁爱,想要给她至尊的皇后地位。因为郭皇后生有皇子,阴皇后坚决推辞,始终不肯接受皇后的封号,因此就立了郭氏为皇后。建武四年,阴皇后跟随光武帝去征伐彭宠,在元氏生了汉明帝。建武九年,有强盗劫走并杀死了阴皇后的母亲邓氏和弟弟阴䜣。光武帝非常伤心,就给大司空下诏说:"我贫贱的时候,娶了阴氏,接着就领兵征伐,各自分离。幸运的是都能安全活下来,都脱离了虎口。由于阴贵人有国母的美好仪容,应该立为皇后,但她却坚决推辞,不敢承当,仅仅列于妾侍之中。朕对她的仁义谦让称赞不已,答应封她的各个弟弟。但他们还没有来得及得到爵位和封地,却遭到灾祸,母子同时丧命,我心中非常悲伤。《小雅》中讲:'面临恐惧危险时,只有我和你在一起。将要得到安乐时,你反而抛弃了我。'诗人的告诫,能够不慎重对待吗?现在追赠爵位和谥号,阴贵人的父亲阴陆封为宣恩哀侯，弟弟阴䜣为宣义恭侯，让弟弟阴就继承哀侯的爵位。趁灵柩还停在堂上时，派太中大夫去授予印信和绶带，采用对在封国的列侯一样的礼仪。如果有魂灵的话，也该赞美这种恩宠和荣耀啊！"

【原文】

十七年，废皇后郭氏而立贵人。制诏三公曰："皇后怀执怨怼，数违教令，不能抚循它子，训长异室。宫闱之内，若见鹰鹯。即无《关雎》之德，而有吕、霍之风，岂可托以幼孤，恭承明祀，今遣大司徒涉、宗正吉持节，其上皇后玺绶。阴贵人乡里良家，归自微贱。'自我不见，于今三年'。宜奉宗庙，为天下母。主者详案旧典，时上尊号。异常之事，非国休福，不得上寿称庆。"后在位恭俭，少嗜玩，不喜笑谑。性仁孝，多矜慈。七岁失父，虽已数十年，言及未曾不流涕。帝见，常叹息。

【译文】

建武十七年，废黜皇后郭氏而立阴贵人为皇后。光武帝给三公下诏书说："皇后心怀怨恨不满，多次违反教诲和训令，不能抚育教导其他的皇子、教训别的皇子成长。后宫里面好像有鸇鹰一样。皇后既没有《关雎》中赞颂的德行，反而有吕后、霍氏的歪风，怎么可以把幼小的孤儿托付给她，让她承受恭敬的祭祀呢？现在派大司徒戴涉、宗正刘吉拿着符节，去让皇后交出皇后的玺印绶带。阴贵人是农村的良家出身，在我贫贱的时候嫁给我。'从我离开她不能见面，到现在已经三年'。应该把她奉入宗庙，做天下的母后。主管的官员要详细查验旧典章，根据它按时奉上尊号。这是异常的特殊情况，不是国家的幸福吉祥，不得祝寿称颂吉庆。"阴皇后在位时恭敬俭朴，很少有嗜好和珍玩，不喜欢开玩笑。她性情仁义孝顺，非常慈爱，怜悯别人。阴皇后七岁时失去了父亲，虽然已经有几十年了，但谈起来时没有一次不流眼泪。光武帝每次见到，经常为此叹息。

【原文】

显宗即位，尊后为皇太后。永平三年冬，帝从太后幸章陵，置酒旧宅，会阴、邓故人诸家子孙，并受赏赐。七年，崩，在位二十四年，年六十，合葬原陵。

【译文】

汉明帝即位后，尊奉阴皇后为皇太后。永平三年冬天，明帝跟着阴太后到章陵去，在旧宅院中摆设酒宴，把阴氏、邓氏等各家旧亲友的子孙们叫来聚会，他们一起受到了赏赐。永平七年，阴太后去世，在位共二十四年，终年六十岁，和光武帝合葬于原陵。

【原文】

明帝性孝爱，追慕无已。十七年正月，当谒原陵，夜梦先帝、太后如平生欢。既寤，悲不能寐，即案历，明旦日吉，遂率百官及故客上陵。其日，降甘露于陵树，帝令百官采取以荐。会毕，帝从席前伏御床，视太后镜奁中物，感动悲涕，令易脂泽装具。左右皆泣，莫能仰视焉。

【译文】

汉明帝生性孝顺慈爱，思念父母没有尽头。永平十七年正月，该去拜谒原陵，汉明帝在夜里梦见先帝和太后，像在世时一样欢乐。明帝醒过来后，悲痛得不能入睡，马上就查历书，第二天是吉日，就率领百官和旧日的宾客去拜谒原陵。当天，陵墓的树上降下了甘露，明帝命令百官收集甘露给帝、后祭祀。祭祀过后，明帝从座席上向前俯伏在御床上，看太后梳妆镜匣里的物品，感动不已，痛哭流涕，命令换了胭脂油膏等梳妆用品。侍从官员们都哭了，没有人能抬起头来。

明德马皇后纪

【题解】

明德马皇后（？－79），汉明帝刘庄惟一的皇后，伏波将军马援的三女儿。闺名已经失传，谥号为明德皇后。单从谥号上来看，就知道她是一位令人敬服的皇后。

【原文】

明德马皇后讳某,伏波将军援之小女也。少丧父母,兄客卿敏惠早夭,母蔺夫人悲伤发疾慌惚。后时年十岁,干理家事,敕制僮御,内外诸禀,事同成人。初,诸家莫知者,后闻之,咸叹异焉。后尝久疾,太夫人令筮之。筮者曰:"此女虽有患状而当大贵,兆不可言也。"后又呼相者使占诸女。见后,大惊曰:"我必为此女称臣。然贵而少子,若养它子者得力,乃当逾于所生。"

【译文】

明德马皇后,是伏波将军马援的小女儿,少年时父母都去世了。她的哥哥马客卿聪明灵惠,但却很早就死了,她的母亲蔺夫人由于悲伤得了病,神智不清。马皇后当时才十岁,管理家中事务,指挥使用仆人,内外事务都要向她请示报告,她处理起来和成年人一样。当初,各家都不知道这种情况,后来听说了,全都感叹她不一般。马皇后曾经病了很长时间,太夫人让巫师占卜。卜筮的人说:"这个女子虽然有病,但应该有极大的富贵,卦象不能对人说呀!"以后又叫来相面的人让他给各个女儿看相。相面的人见到马皇后,大吃一惊,说:"我一定会向这个女子称臣。但是她尊贵却缺少儿子,如果抚养别人的儿子,得到她帮助,就会比自己生的儿子还有用。"

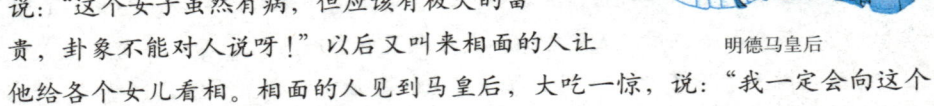

明德马皇后

【原文】

初,援征五溪蛮,卒于师。虎贲中郎将梁松、黄门侍郎窦固等因谮之。由是家益失势,又数为权贵所侵侮。后从兄严不胜忧愤,白太夫人绝窦氏婚,求进女掖庭。乃上书曰:"臣叔父援孤恩不报,而妻子特获恩全,戴仰陛下,为天为父。人情既得不死,便欲求福,窃闻太子、诸王妃匹未备。援有三女,大者十五、次者十四、小者十三，仪状发肤，上中以上。皆孝顺小心，婉静有礼。愿下相工，简其可否。如有万一，援不朽于黄泉矣。又援姑姊妹并为成帝婕妤，葬于延陵。臣严幸得蒙恩更生，冀因缘先姑，当充后宫。"由时选后入太子宫。时年十三。奉承阴后，傍接同列，礼则修备，上下安之。遂见宠异，常居后堂。

【译文】

当初，马援征讨五溪的蛮夷部族，在军中去世。虎贲中郎将梁松、黄门侍郎窦固等人趁机说他的坏话，马家从此逐渐失势，又多次被权贵欺侮。马皇后的堂兄马严非常愤怒，忧心忡忡，禀告了太夫人，与窦氏废除婚约，请求把马援的女儿送入宫中。马严就上奏章说："臣的叔父马援辜负了陛下的恩典，未能报答，而他的妻子儿女蒙受特殊的恩典被保全生命，感念陛下，把陛下当作上天和父亲。人的心理是免除死难后，就想求得幸福。臣子私下听说太子和各亲王的王妃还没有配备全。马援有三个女儿，大的十五岁，第二个十四岁，小的十三岁。她们的容貌仪表、头发肌肤，都在上中等，全都孝顺谨慎，安静柔和，有礼貌。愿意让她们到相面挑选妃子的官员处，去判断一下她们可不可以入宫。如果万一被选上，马援在黄泉之下也永垂不朽了。又有马援的姑姑姐妹二人同时做成帝的婕妤，葬在延陵。臣子马严幸运地蒙受恩典，得以再生，希望能借先姑的缘故，让她们进入后宫。"因此把马皇后选入太子宫中，当时十三岁。马皇后侍奉阴皇后，和同级的妃嫔们交好，礼仪十分周到。宫中上下都和她和睦相处。因而受到特殊的恩宠，经常居住在后堂中。

【原文】

显宗即位，以后为贵人。时后前母姊女贾氏亦以选入，生肃宗。帝以后无子，命令养之。谓曰："人未必当自生子，但患爱养不至耳。"后于是尽心抚育，劳悴过于所生。肃宗亦孝性淳笃，恩性天至，母子慈爱，始终无纤介之间。后常以皇嗣未广，每怀忧叹，荐达左右，若恐不及。后宫有进见者，每加慰纳。若数所宠引，辄增隆遇。永平三年春，有司奏立长秋宫，帝未有所言。皇太后曰："马贵人德冠后宫，即其人也。"遂立为皇后。

【译文】

明帝即位，封马皇后为贵人。当时马皇后前母姐姐的女儿贾氏也被选进宫，生了肃宗汉章帝。汉明帝因为马皇后没有儿子，命令她抚养汉章帝，对她说："人不一定非要自己生儿子，就怕爱护养育得不周到罢了。"马皇后于是尽心尽力地抚育汉章帝，比对自己亲生儿子还劳累。汉章帝也有纯真的孝心，天生知道体谅母恩。母子之间慈爱无比，始终没有一丝一毫的不和。马皇后经常为皇子不够多担心伤叹，把侍奉的嫔妃们推荐给皇帝，惟恐皇帝不接受。后宫中有被皇帝召见的，马皇后就去慰问安顿她们。如果是多次被皇帝召去宠幸的，就更给她增加丰厚的待遇。永平三年春天，有关官署上奏章请设立长秋宫。皇帝还没有说话。皇太后说："马贵人的品德在后宫中最高尚，就是她吧。"于是把马贵人立为皇后。

【原文】

先是数日，梦有小飞虫无数赴着身，又入皮肤中而复飞出。既正位宫闱，愈自谦肃。身长七尺二寸，方口，美发。能诵《易》，好读《春秋》、《楚辞》，尤善《周官》、《董仲舒书》。常衣大练，裙不加缘。朔望诸姬主朝请，望见后袍衣疏粗，反以为绮縠，就视，乃笑。后辞曰："此缯特宜染色，故用之耳。"六宫莫不叹息。帝尝幸苑囿离宫，后辄以风邪露雾为戒，辞意款备，多见详择。帝幸濯龙中，并召诸才人，下邳王已下皆在侧，请呼皇后。帝笑曰："是家志不好乐，虽来无欢。"是以游娱之事希尝从焉。

【译文】

立皇后的前几天，马皇后梦见有无数小飞虫飞来落在身上，又钻入皮肤中，然后再飞出来。她做了皇后掌管后宫以后，自己更加谦虚严肃。马皇后身高七尺二寸，口形端正，头发美丽，能背诵《易经》，喜爱读《春秋》、《楚辞》，尤其喜好《周官》、《董仲舒书》。她经常穿着粗布做的衣服，裙上不缀加缘边。每到月初、月中,各个妃子公主们来朝见,远远望见皇后的衣袍质地粗疏,反而以为是细密软薄的纱罗,到跟前一细看,都笑了。皇后婉言说道:"这种粗帛特别适宜染颜色,所以穿用它。"六宫嫔妃没有一个不叹息的。明帝曾经到园林离宫等地去,马皇后就用会招致风邪、受露水云雾侵袭来劝诫皇帝,言语情意深切又周到,所以大多被明帝体会和采纳。明帝到濯龙园中去,把所有才人品秩的妃子都召来,下邳王以下的皇子都在身边,请求叫皇后来。皇帝笑着说:"这一位生性不喜欢玩乐,即使来了也不会欢快。"因此娱乐游玩的事皇后就很少跟着去。

马皇后身衣练服

【原文】

十五年,帝案地图,将封皇子,悉半诸国。后见而言曰:"诸子裁食数县,于制不已俭乎?"帝曰:"我子岂宜与先帝子等乎?岁给二千万足矣。"时楚狱连年不断,囚相证引,坐系者甚众。后虑其多滥,乘间言及,恻然。帝感悟之,夜起彷徨,为思所纳,卒多有所降宥。时诸将奏事及公卿较议难平者,帝数以试后。后辄分解趣理,各得其情。每于侍执之际,辄言及政事,多所毗补,而未尝以家私干。故宠敬日隆,始终无衰。

【译文】

永平十五年,汉明帝查看地图,将要封皇子,把他们的封国都减少一半土地。马皇后看到后对他说:"各个皇子才有几个县的食邑,按照制度对比,不是太俭省了吗?"明帝说:"我的儿子怎么能和先帝的儿子相等呢?每年供给他们二千万钱就足够了。"当时楚地的犯罪案件连年不断,囚犯们互相牵扯,被捕入狱的人非常多。皇后担心抓人太多又过于草率,乘空闲时对汉明帝说起,很难过。汉明帝被感动,醒悟过来,夜晚起来徘徊思索,考虑皇后的劝谏,最后多次降旨宽宥罪犯。当时各个将领上奏的事和公卿们争议较大难以确

后汉书

定的事，明帝曾多次用以试探皇后的看法。皇后立刻分析情况的情理，都能找出它们的实质。皇后常常在侍奉皇帝的时候，一谈到政事，很多地方都有所弥补，但从未用自家的私事干扰过皇帝。所以皇帝对她的宠爱和尊敬日益加深，始终没有衰减。

【原文】

及帝崩，肃宗即位。尊后曰皇太后。诸贵人当徙居南宫，太后感析别之怀，各赐王赤绶，加安车驷马，白越三千端，杂帛二千匹，黄金十斤。自撰《显宗起居注》，削去兄防参医药事。帝请曰："黄门舅旦夕供养且一年，既无褒异，又不录勤劳，无乃过乎！"太后曰："吾不欲令后世闻先帝数亲后宫之家，故不著也。"

【译文】

到汉明帝去世后，肃宗汉章帝即位，尊奉马皇后为皇太后。各个贵人应该徙居到南宫去。马太后感伤要和大家离别，赐给她们亲王的红色绶带，另加四匹马拉的车，三千端白色的越布，二千匹各色丝绸，十斤黄金。她自己撰写《显宗起居注》，删去了她哥哥马防参与医治的事。汉章帝请求说："任黄门官的舅舅每天从早到晚服侍先帝，将近一年之久，既没有特别的褒奖，又不记录他的勤劳事迹，这不是太过分了吗？"马太后说："我不想让后代的人看到先帝几次亲近后宫皇后的娘家，所以不写上他。"

【原文】

建初元年，帝欲封爵诸舅，太后不听。明年夏，大旱。言事者以为不封外戚之故，有司因此上奏，宜依旧典。太后诏曰："凡言事者皆欲媚朕以要福耳。昔王氏五侯同日俱封，其时黄雾四塞，不闻澍雨之应。又田蚡、窦婴，宠贵横恣，倾覆之祸，为世所传。故先帝防慎舅氏，不令在枢机之位，诸子之封，裁令半楚、淮阳诸国，常谓：'我子不当与先帝子等。'今有司奈何欲以马氏比阴氏乎！吾为天下母，而身服大练，食不求甘，左右但著帛布，无香薰之饰者，欲身率下也。以为外亲见之，当伤心自救，但笑言太后素好俭。前过濯龙门上，见外家问起居者，车如流水，马如游龙，仓头衣绿褠，领袖正白，顾视御者，不及远矣。故不加谴怒，但绝岁用而已，冀以默愧其心，而犹懈怠，无忧国忘家之虑。知臣莫如君，况亲属乎？吾岂可上负先帝之旨，下亏先人之德，重袭西京败亡之祸哉！"固不许。

【译文】

建初元年，汉章帝想要给各个舅舅封爵，太后不答应。第二年夏天，大旱。议论朝政的官员认为这是不封外戚的缘故，有关官署因此上奏，认为应该依照过去的典章封赠。太后下诏书说："凡是议论这事的全是想向我献媚以谋求福利。过去王莽家族同一天被封了五个侯，当时天空中布满了黄雾，也没听说有下透雨的应验。又有田蚡、窦婴等人，受宠后显贵无比，任意横行，招致覆灭的灾祸，被世代相传。所以先帝慎重地防范舅舅们，不让他们担任关键的机要位置。各个皇子的封国，只允许相当于楚国、淮阳国等国的一半。他常说：'我的儿子不应该和先帝的儿子相等。'现在有关官府为什么要用马氏去比附阴氏呢？我作为天下的母后，而身穿粗帛衣服，食物不要求甘美。身边的侍从只穿布帛衣服，没有薰香等修饰装扮，这是因为我要以自己的榜样给下面做表率。我以为外面的亲属见到后，应该伤心，进而检查自己，但他们只是笑话太后一直喜欢俭朴。前些时从濯龙门经过，看到外面亲戚来问候起居的，车辆像流水一样源源不断，骏马像飞龙一样矫健，仆人都穿着绿色的袖套，领口袖口雪白。回过头来看看自己的车夫，都远远不如他们。所以我没有怒斥他们，只是断绝了每年给他们的钱粮而已。我希望以这种默默的批评使他们心中羞愧，但他们还懈怠下去，没有为国担忧和忘掉小家的想法。做臣子的人没有谁能比得上君主，何况是亲属呢？我怎么可以上负先帝的意旨，下亏先人的德行，让汉室再次遭受失败亡国的灾祸啊！"坚决不允许封亲属爵位。

【原文】

帝省诏悲叹，复重请曰："汉兴，舅氏之封侯，犹皇子之为王也。太后诚存谦虚，奈何令臣独不加恩三舅乎？且卫尉年尊，两校尉有大病，如令不讳，使臣长抱刻骨之恨。宜及吉时，不可稽留。"

【译文】

　　汉章帝看到诏书后悲叹不已,再次请求说:"汉朝兴起后,皇帝的舅舅们封侯,就和皇子封王一样。太后确实心中谦虚,但为什么让我单单不给三个舅舅加恩呢?况且卫尉舅舅年龄大了,两个校尉舅舅又有大病,假如不幸死去,会使我永远怀有铭心刻骨的悔恨呀。应该赶在吉时封爵,不可以拖延停止。"

【原文】

　　太后报曰:"吾反覆念之,思令两善。岂徒欲获谦让之名,而使帝受不外施之嫌哉!昔窦太后欲封王皇后之兄,丞相条侯言受高祖约,无军功,非刘氏不侯。今马氏无功于国,岂得与阴、郭中兴之后等邪?常观富贵之家,禄位重叠,犹再实之木,其根必伤。且人听以愿封侯者,欲上奉祭祀,下求温饱耳。今祭祀则受四方之珍,衣食则蒙御府余资,斯岂不足,而必当得一县乎?吾计之孰矣,勿有疑也。夫至孝之行,安亲为上。今数遭变异,谷价数倍,忧惶昼夜,不安坐卧,而欲先营外封,违慈母之拳拳乎!吾素刚急,有匈中气,不可不顺也。若阴阳调和,边境清静,然后行子之志。吾但当含饴弄孙,不能复关政矣。"

【译文】

　　马太后回答说:"我反复考虑这件事,想让它两全其美。难道只是想获得谦让的名声,而让皇帝受到不施恩给亲戚的猜疑吗?过去窦太后想封王皇后的哥哥,丞相条侯周亚夫说:承受过高祖的誓约,没有军功的人,不是刘氏的不能封侯。现在马氏对国家没有功劳,怎能和阴氏、郭氏等中兴时期的皇后相等同呢?我常见到富贵人家,官位重叠,就像果实过多的树木一样,它的树根一定会受伤害。而且人们愿意被封为侯的原因,只是为了能祭祀祖先、求得温饱罢了。现在外戚们祭祀时用上四方的珍奇物品,衣食依靠皇帝府库中剩余的钱财,

马皇太后含饴弄孙

难道这些还不满足，而必须要得到一个县吗？我已经反复思考过了，不要再犹豫。最大的孝顺行为是使亲人安心。现在连续遭到变异，粮食价格上涨了几倍，我日夜惊慌，忧心忡忡，坐卧不安。你怎么却先想着给外戚封爵，违背慈母的拳拳之心呢？我一向急躁刚直，胸中有气，不能不让它通顺。如果能阴阳调和，边境上清静无事，然后再去实行你的想法。那时我就只含着糖块逗孙子玩，不再过问朝政了。"

【原文】

时新平主家御者失火，延及北阁后殿。太后以为己过，起居不欢。时当谒原陵，自引备不慎，惭见陵园，遂不行。初，太夫人葬，起坟微高，太后以为言，兄廖等即时减削。其外亲有谦素义行者，辄假借温言，赏以财位。如有纤介则先见严恪之色，然后加谴。其美车服不轨法度者，便绝属籍，遣归田里。广平、巨鹿、乐成王车骑朴素，无金银之饰，帝以白太后，太后即赐钱各五百万。于是内外从化，被服如一，诸家惶恐，倍于永平时，乃置织室，蚕于濯龙中，数往观视，以为娱乐。常与帝旦夕言道政事，及教授诸小王，论议经书，述叙平生，雍和终日。

【译文】

当时新平公主家里的车夫引起火灾，一直烧到宫中的北阁后殿。马太后认为这是自己的过失，心情不愉快。当时应该去拜谒原陵，马太后认为是自己管理中不谨慎，愧见陵园，就没有去。当初，太夫人埋葬时，起的坟墓稍微高了一点。马太后为此说了一下，她的哥哥马廖等人马上就削去了坟高出的部分。她的亲属有人具有谦虚朴素的德行，马太后就用好话勉励，赏给他财物和官位；如果有人犯了一点小错，马太后就先表露出严峻的神色，然后加以责备。那些追求华丽的车马服饰、不遵守法度的人，马太后就从亲属的名籍上除去他们，打发他们回家乡去。广平王、巨鹿王、乐成王的车马朴素，没有金银饰物。汉章帝把这种情况告诉太后，太后就赏给他们每人五百万钱。于是宫内外都遵从马太后的教化，服装穿着统一，各家亲贵都谨慎小心，比永平年间还好。马太后还设置了织室，在濯龙园中养蚕，她多次去观察，把这当作娱乐。

马太后经常和皇帝早晚谈论政务，并教各个小王念书，议论经书，讲述自己的生平经历，整天沉浸在和睦安宁的气氛中。

【原文】

四年，天下丰稔，方垂无事，帝遂封三舅廖、防、光为列侯。并辞让，愿意关内侯。太后闻之，曰："圣人设教，各有其方，知人情性莫能齐也。吾少壮时，但慕竹帛，志不顾命。今虽已老，而复'戒之在得'，故日夜惕厉，思自降损。居不求安，食不念饱。冀乘此道，不负先帝。所以化导兄弟，共同斯志，欲令瞑目之日，无所复恨。何意老志复不从哉，万年之日长恨矣！"廖等不得已，受封爵而退位归第焉。

【译文】

建初四年，天下丰收，各地和边境都平安无事，汉章帝就封三个舅舅马廖、马防、马光为列侯。他们全都推辞，愿意做关内侯。马太后听到后，说："圣人设立教义时，各人有各自的方法，是他们懂得人的性情不能完全一致。我青少年时，只想能名传青史，不计较生命的长短。现在虽然年纪已老，却又能'在贪取方面告诫自己'，所以我日夜警惕，想要减少自己的贪求，居住不追求安适，吃饭不想着吃饱。希望根据这样的道义做，能不辜负先帝。所以教导兄弟们共同保持这个志向，想要让我在闭上眼睛的时候，再没有什么遗憾。为什么不遵从这些志向，而要让我在去世的时候悔恨不已！"马廖等人不得已，只好在接受封爵后就辞去官职回家了。

【原文】

太后其年寝疾，不信巫祝小医，数敕绝祷祀。至六月，崩。在位二十三年，年四十余。合葬显节陵。

【译文】

马太后在建初四年患病，她不相信巫祝等小医，多次下令制止给她祈祷和求神。到了六月，便去世了。马太后在位二十三年，去世时四十多岁，与汉章帝合葬在显节陵中。

邓 禹 传

【题解】

邓禹(2—58)，东汉开国将领、大臣。字仲华，南阳新野(今河南新野南)人，擅长于谋略。刘玄更始元年(23)跟随刘秀。建武元年(25)，为前将军，率军入河东，镇压绿林军王匡、成丹等部。刘秀即帝位，派使者持节令其为大司徒，封梁侯，食邑万户。建武十三年(37)，刘秀统一全国，封为高密侯，食高密等四县。明帝即位，任太傅，为云台二十八将之首。

【原文】

邓禹字仲华，南阳新野人也……及汉兵起，更始立，豪杰多荐举禹，禹不肯从。及闻光武安集河北，即杖策北渡，追及于邺。光武见之甚欢，谓曰："我得专封拜，生远来，宁欲仕乎？"禹曰："不愿也。"光武曰："即如是，何欲为？"禹曰："但愿明公威德加于四海，禹得效其尺寸，垂功名于竹帛耳。"光武笑，因留宿间语。禹进说曰："更始虽都关西，今山东未安，赤眉、青犊之属，动以万数，三辅假号，往往群聚。更始既未有所挫，而不自听断，诸将皆庸人屈起，志在财币，争用威力，朝夕自快而已，非有忠良明智、深虑远图，欲尊主安民者也。四方分崩离析，形势可见。明公虽建藩辅之功，犹恐无所成立。于今之计，莫如延揽英雄，务悦民心，立高祖之业，救万民之命。以公而虑天下，不足定也。"光武大悦，因令左右号禹曰邓将军。常宿止于中，与定计议。

【译文】

邓禹，字仲华，南阳郡新野县(今属河南)人……到汉兵兴起，更始立，豪杰多荐举邓禹，邓禹不肯。到听说光武帝集兵河北，邓禹即拄杖北渡黄河，到邺地追上。光武见到他非常高兴,说:"我得专门对您封爵拜职,先生远来,难道不想当官吗?"邓禹回答:"不想。"光武说:"那么,您想干什么呢?"邓禹说:"但愿您的威德加于四海,邓禹能够贡献尺寸之力,功名著于竹帛罢了。"光武笑了,于是留宿私谈。邓禹说道:"更始虽然建都关西,现在山东一带还未完全平定,赤眉、青犊之类,动辄万数;即便三辅,也常有人自立名号,成群相聚。更始既不能挫败他们,又不能独自决事,诸将皆是庸人崛起、志在财币、争用威力、朝夕自快而已,没有一个忠良明智、深谋远虑、尊主安民的人物。四方分崩离析,形势可以考见。现在你虽欲建藩辅之功,恐怕也是困难的。目前的关键在于当今之计,不如延揽英雄,务悦民心,立高祖之业,救万民之命。反之,以您现在的威望来平定天下,是不会成功的。"光武非常高兴,于是命令左右称邓禹为"邓将军"。邓禹常休息于光武帐中,参与计议。

邓禹

【原文】

及王郎起兵,光武自蓟至信都,使禹发奔命,得数千人,令自将之,别攻拔乐阳。从至广阿,光武舍城楼上,披舆地图,指示禹曰:"天下郡国如是,今始乃得其一。子前言以吾虑天下不足定,何也?"禹曰:"方今海内淆乱,人思明君,犹赤子之慕慈母。古之兴者,在德薄厚,不以大小。"光武悦。时任使诸将,多访于禹,禹每有所举者,皆当其才,光武以为知人。使别将骑,与盖延等击铜马于清阳。延等先至,战不利,还保城,为贼所围。禹遂进与战,破之,生获其大将。从光武追贼至蒲阳,连大克获,北州略定。

【译文】

王郎起兵之后,光武自蓟至信都,使邓禹发奔命兵,得数千人,命令他亲自率领,攻下乐阳。邓禹跟从光武至广阿,光武住在城楼上,打开地图,指示邓禹说:"天下郡国如此,如今才得其一。你从前说以我平定天下还不能够成功,是什么意思?"邓禹回答:"当今海内混乱,人思明君,像赤子之思慈母。

古代政治昌明的君主，在于恩德的厚薄，不在于力量的大小。"光武很高兴，当时任命诸将，多先咨问邓禹，邓禹常向他举荐人，皆当其才，光武认为他知人。光武使他另外率领骑兵，与盖延等到清阳去攻击铜马。盖延等先到，战斗不利，退保城池，被贼包围。邓禹于是前进交战，大破之，活捉其大将。跟随光武追贼到蒲阳，连连大获全胜，北州逐渐安定。

【原文】

及赤眉西入关，更始使定国上公王匡、襄邑王成丹、抗威将军刘均及诸将，分据河东、弘农以拒之。赤眉众大集，王匡等莫能当。光武筹赤眉必破长安，欲乘衅并关中，而方自事山东，未知所寄，以禹沈深有大度，故授以西讨之略。乃拜为前将军持节，中分麾下精兵二万人，遣西入关，令自选偏裨以下可与俱者……引而西。

【译文】

赤眉军西进入关以后，更始派定国上公王匡、襄邑王成丹、抗威将军刘均等诸将，分别据守河东、弘农来抵御赤眉军。赤眉军兵众大集，王匡等难以抵挡。光武预计赤眉必破长安，打算乘机兼并关中，但自己正在山东打仗，不知道把这事托付给谁好，但他认为邓禹深沉有大度，所以授予他西讨的方略。拜邓禹为前将军，持节，分自己麾下精兵二万人的一半给他，派他西入关，并命他自选副将以下军官……于是邓禹引兵而西。

【原文】

建武元年正月，禹自箕关将入河东，河东都尉守关不开，禹攻十日，破之，获辎重千余乘。进围安邑，数月未能下。更始大将军樊参将数万人，度大阳欲攻禹，禹遣诸将逆击于解南，大破之，斩参首。于是王匡、成丹、刘均等合军十余万，复共击禹，禹军不利，樊崇战死。会日暮，战罢，军师韩歆及诸将见兵势已摧，皆劝禹夜去，禹不听。明日癸亥，匡等以六甲穷日不出，禹因得更理兵勒众。明旦，匡悉军出攻禹，禹令军中无得妄动；既至营下，因传发诸将鼓而并进，大破之。匡等皆弃军亡走，禹率轻骑急追，获刘均及河东太守杨宝、持节中郎将弭彊，皆斩之，收得节六、印绶五百，兵器不可胜数，遂定河东。承制拜李文为河东太守，悉更置属县令长以镇抚之。是月，光武即位于鄗，使使者持节拜禹为大司徒……禹是年二十四。

遂渡汾阴河，入夏阳。更始中郎将左辅都尉公乘歙，引其众十万，与左冯翊兵共拒禹于衙，禹复破走之，而赤眉遂入长安。是时三辅连覆败，赤眉所过残贼，百姓不知所归。闻禹乘胜独克而师行有纪，皆望风相携负以迎军，降者日以千数，众号百万。禹所止辄停车住节，以劳来之，父老童稚，垂发戴白，满其车下，莫不感悦，于是名震关西。帝嘉之，数赐书褒美。

【译文】

建武元年正月，邓禹想从箕关进入河东，河东都尉守关不开，邓禹攻十日，破之，获辎车千余辆。又进军围攻安邑，数月未能攻下。更始大将军樊参率领数万人，渡河至大阳县欲攻邓禹，邓禹派诸将迎击于解县南，大破之，斩樊参首。于是，王匡、成丹、刘均等合兵十余万，又一起攻击邓禹，邓禹战斗失利，樊崇战死。正值傍晚，停战，军师韩歆及诸将见兵势已被摧折，皆劝邓禹乘夜逃去，邓禹不听。次日癸亥，王匡等因为六甲穷日而不出战，邓禹得以理兵勒众。又次日清晨，王匡全军出攻邓禹。邓禹命令军中不准妄动；等敌人到营下，传令诸将击鼓并进，大破之。王匡等弃军逃走，邓禹率轻骑急追，俘获刘均及河东太守杨宝、持节中郎将弭彊，皆斩之，收得符节六、印绶五百，兵器不可胜数，遂平定河东。受诏拜李文为河东太守，全部改任属县的令长，镇抚当地。这个月，光武即位于鄗，派使者拜邓禹为大司徒……邓禹时年二十四岁。

邓禹遂渡汾阴河，入夏阳。更始中郎将左辅都尉公乘歙，领其众十万，与左冯翊兵共同在衙县抵挡邓禹。邓禹又攻破并赶走他们，赤眉军于是进入长安。此时三辅连遭覆败，赤眉所过残破，百姓无所归向。听说邓禹乘胜追击而行军有纪律，皆扶老携幼而迎，投降者日以千数，邓禹军众号称百万。邓禹每到停止的地方，总是一停车就挂着符节，安慰招徕百姓，父老童幼围满车下，莫不感激喜悦，于是名震关西。光武帝赞赏他，屡次赐书褒扬。

【原文】

诸将豪杰皆劝禹径攻长安。禹曰："不然。今吾众虽多，能战者少，前无可仰之积，后无转馈之资。赤眉新拔长安，财富充实，锋锐未可当也。夫盗贼群居，无终日之计，财谷虽多，变故万端，宁能坚守者也？上郡、北地、安定三郡，土广人稀，饶谷多畜，吾且休兵北道，就粮养士，以观其弊，乃可图也。"于是引军北至郡邑。禹所到，击破赤眉别将诸营保，郡邑皆开门归附。西河太守宗育遣子奉檄降，禹遣诣京师。

【译文】

诸将豪杰都劝邓禹径直进攻长安。邓禹说："不行。现在我们人虽多，但能打仗的人少，前无可仰仗的积累，后无可转运的军资。赤眉新破长安，财富充实，锐不可当。盗贼群居，无长远之计，财谷虽多，但变故万端，难道能坚守吗？上郡、北地、安定三郡，地广人稀，谷多畜丰，我们暂且休兵于北道，就粮养士，以观其弊，是可以得到长安的。"于是率军北至郡邑。邓禹所到，击破赤眉别将诸营堡，郡邑皆开门归附。西河太守宗育派儿子持书投降，邓禹遣人把他送到京师。

东汉石神兽　1978年在河南省许昌县石庄村出土。陵墓或其他建筑物前的装饰物。

【原文】

帝以关中未定，而禹久不进兵，下敕曰："司徒，尧也；亡贼，桀也。长安吏人，遑遑无所依归。宜以时进讨，镇慰西京，系百姓之心。"禹犹执前意，乃分遣将军别攻上郡诸县，更征兵引谷，归至大要。

【译文】

光武帝以为关中未定，而邓禹久不进兵，下敕命说："司徒，像尧；亡贼，像桀。长安官民，遑遑无所依归。应当按时进讨，镇慰西京，以拢络百姓之心。"邓禹坚持原来计划，分别派遣将军另外进攻上郡诸县，又征兵聚粮，集中于大要县。

【原文】

二年春，遣使者更封禹为梁侯，食四县。

【译文】

建武二年，光武帝遣使者改封邓禹为梁侯，食邑四县。

【原文】

禹引兵与延岑战于蓝田，不克，复就谷云阳。汉中王刘嘉诣禹降。嘉相李宝倨慢无礼，禹斩之。宝弟收宝部曲击禹，杀将军耿䜣。自冯愔反后，禹威稍损，又乏食，归附者离散。而赤眉复还入长安，禹与战，败走，至高陵，军士饥饿，皆食枣菜。帝乃征禹还，敕曰："赤眉无谷，自当来东，吾折捶笞之，非诸将忧也。无得复妄进兵。"禹惭于受任而功不遂，数以饥卒徼战，辄不利。三年春，与车骑将军邓弘击赤眉，遂为所败，众皆死散。

【译文】

邓禹引兵与延岑战于蓝田，不克，又就食云阳。汉中王刘嘉到邓禹处投降。刘嘉的相李宝傲慢无礼，邓禹杀了他。李宝弟收李宝部属进击邓禹，杀将军耿䜣。自冯愔反后，邓禹军威渐减，又缺少粮食，归附者离散。赤眉军又进入长安，邓禹与之战，败逃，到高陵，士卒饥饿，只能吃枣菜。光武帝便征邓禹还，敕命说："赤眉无粮，自当东来，我再拦腰捶笞他，诸将不必担忧。不要再轻易进兵。"邓禹惭于受任而功不成，多次以饥饿的士兵求战，总是失利。建武三年春，与车骑将军邓弘进击赤眉，又被打败，兵众皆死散。

【原文】

十三年，天下平定，诸功臣皆增户邑，定封禹为高密侯，食高密、昌安、夷安、淳于四县。帝以禹功高，封弟宽为明亲侯……显宗即位，以禹先帝元功，拜为太傅，进见东向，甚见尊宠。居岁余，寝疾。帝数自临问，以子男二人为郎。永平元年，年五十七薨，谥曰元侯。

【译文】

　　建武十三年，天下平定，诸功臣皆增户邑，定封邓禹为高密侯，食邑有高密、昌安、夷安、淳于四县。光武帝因为邓禹劳苦功高，封其弟邓宽为明亲侯……明帝即位，因邓禹为先帝元勋，拜为太傅，进见时东向，极其尊宠。过了一年多，生病卧床，明帝多次亲自临问，并且赐封他的两个儿子为郎官。永平元年，年五十七岁去世，谥号元侯。

冯异传

【题解】

　　冯异(？－34)，东汉开国将领。字公孙，颍川父城(今河南宝丰东)人。通晓《左氏春秋》、《孙子兵法》。归刘秀后，为掾史。从至洛阳，升任偏将军。破王郎后，封为应侯。为人谦退不伐，诸将并坐论功，他常避于树下，军中因号曰"大树将军"。建武二年(26)春，封阳夏侯，任征西大将军，在崤地击败赤眉军。后进军西北，病卒于平陇军中。

【原文】

　　冯异，字公孙，颍川父城人也。好读书，通《左氏春秋》、《孙子兵法》。

【译文】

　　冯异字公孙，是颍川郡父城县人。爱好读书，通晓《左氏春秋》和《孙子兵法》。

【原文】

　　汉兵起，异以郡掾监五县，与父城长苗萌共城守，为王莽拒汉。光武略地颍川，攻父城不下，屯兵巾车乡。异间出行属县，为汉兵所执。时异从兄孝及同郡丁䌷、吕晏，并从光武，因共荐异，得召见。异曰："异一夫之用，不足为强弱。有老母在城中，愿归据五城，以效功报德。"光武曰："善。"异归，谓苗萌曰："今诸将皆壮士屈起，多暴横，独有刘将军所到不虏掠。观其言语举止，非庸人也，可以归身。"苗萌曰："死生同命，敬从子计。"光武南还宛，更始诸将攻父城者前后十余辈，异坚守不下；及光武为司隶校尉，道经父城，异等即开门奉牛、酒迎。光武署异为主簿，苗萌为从事。异因荐邑子铫期、叔寿、段建、左隆等，光武皆以为掾史，从至洛阳。

【译文】

汉兵起事，冯异以郡掾的身份督察五个县，和父城县县长苗萌一起守城，替王莽抗御刘汉军。刘秀攻打颍川各地，攻打父城没有攻下，在巾车乡驻扎。冯异改装便服出城，巡视所主管的县，被汉兵捉住。此时冯异的堂兄冯孝和本郡人丁綝、吕晏，都跟随着刘秀，因此一同举荐冯异，冯异得以被刘秀召见。冯异说："冯异一个人的能力，不足以影响势力的强弱。我有老母亲还留在父城城中，我愿意回去据守五城，用来报答您不杀我的恩德。"光武说："好！"冯异回来，对苗萌说："如今各路将领都是勇士，突然兴起，但大多凶狠残暴，唯独刘秀将军所到之处不掳人掠货。我观察他的言论行动，他不是一个平庸之辈，我们可以把身心交给他。"苗萌回答说："我和你生死在一块，我听从你的主意。"刘秀南归宛城。更始帝的将领攻打父城的前后有十几批，冯异坚守，都没有攻下。到刘秀任司隶校尉时，路过父城，冯异等人马上打开城门，捧着牛肉、美酒迎接他。刘秀任命冯异为主簿，苗萌任从事。冯异乘机推荐同乡人铫期、叔寿、段建、左隆等人，刘秀把他们都委任为属官，让他们随同到了洛阳。

冯异

【原文】

及王郎起，光武自蓟东南驰，晨夜草舍，至饶阳无蒌亭。时天寒烈，众皆饥疲，异上豆粥。明旦，光武谓诸将曰："昨得公孙豆粥，饥寒俱解。"及至南宫，遇大风雨，光武引车入道旁空舍，异抱薪，邓禹热火，光武对灶燎衣。异复进麦饭菟肩。因复度虖沱河至信都，使异别收河间兵。还，拜偏将军。从破王郎，封应侯。

【译文】

到王郎起兵割据邯郸等地之时，光武从蓟县往东南急行，早晚都露宿野外，到达饶阳无蒌亭。时值天寒地冻，众人全都饥饿疲惫，冯异献上豆子煮成的粥。第二天早晨，刘秀对诸将领说："昨天吃了冯异的豆粥，饥饿寒冷全部解除了。"当到达南宫县时，遇上大风骤雨，光武赶着车进入路边的空房屋里，冯异抱来柴草，邓禹升火，光武对着灶烘干衣服，冯异又捧来麦饭和兔腿肉。接着又渡过虖沱河到达信都，光武派冯异另行收拢河间地区的军队。回来后，授为偏将军，后来又随从光武打败王郎，被封为应侯。

【原文】

……别击破铁胫于北平，又降匈奴于林阖顿王，因从平河北。

时，更始遣舞阴王李轶、廪丘王田立、大司马朱鲔、白虎公陈侨将兵号三十万，与河南太守武勃共守洛阳。光武将北徇燕、赵，以魏郡、河内独不逢兵，而城邑完全，仓廪实，乃拜寇恂为河内太守，异为孟津将军，统二郡军河上，与恂合执，以拒朱鲔等。

异乃遗李轶书曰："愚闻明镜所以照形，往事所以知今。昔微子去殷而入周，项伯畔楚而归汉……今长安坏乱，赤眉临郊，王侯构难。大臣乖离，纲纪已绝，四方分崩，异姓并起，是故萧王跋涉霜雪，经营河北。方今英俊云集，百姓风靡，虽邠岐慕周，不足以喻。季文诚能觉悟成败，亟定大计，论功古人，转祸为福，在此时矣。如猛将长驱，严兵围城，虽有悔恨，亦无及已。"

初，轶与光武首结谋约，加相亲爱。及更始立，反共陷伯升。虽知长安已危，欲降又不自安。乃报异书曰："轶本与萧王首谋造汉，结死生之约，同荣枯之计。

今轶守洛阳，将军镇孟津，俱据机轴，千载一会，思成断金。惟深达萧王，愿进愚策，以佐国安人。"轶自通书之后，不复与异争锋，故异因此得北攻天井关，拔上党两城，又南下河南城皋已东十三县，及诸屯聚，皆平之，降者十余万。武勃将万余人攻诸畔者，异引军度河，与勃战于士乡下，大破斩勃，获首五千余级，轶又闭门不救。异见其信效，具以奏闻。光武故宣露轶书，令朱鲔知之。鲔怒，遂使人刺杀轶。由是城中乖离，多有降者。鲔乃遣讨难将军苏茂将数万人攻温，鲔自将数万人攻平阴以缀异。异遣校尉护军将兵，与寇恂合击茂，破之。异因度河击鲔，鲔走；异追至洛阳，环城一匝而归。

移檄上状，诸将皆入贺，并劝光武即帝位。光武乃诏异诣鄗，问四方动静。异曰："三王反畔，更始败亡，天下无主，宗庙之忧，在于大王。宜从众议，上为社稷，下为百姓。"光武曰："我昨夜梦乘赤龙上天，觉悟，心中动悸。"异因下席再拜贺曰："此天命发于精神。心中动悸，大王重慎之性也。"异遂与诸将定议上尊号。

【译文】

……冯异分兵在北平县打败了农民军铁胫，又降伏了匈奴于林阐顿王，接着跟随光武平定了河北。

当时更始派遣舞阴王李轶、廪丘王田立、大司马朱鲔、白虎公陈侨，率领兵众号称三十万，和河南太守武勃一同守卫洛阳城。光武准备向北攻取燕、赵，由于魏郡、河内没有遭受战争，城邑完整，仓廪盈积，于是拜寇恂为河内太守，冯异为孟津将军，统辖两郡的军队驻防在黄河边上，联合抵抗朱鲔等人。

冯异便写信给李轶说："敝人听说明镜是用来观察形象的，往古的事件是用来认识今天的。古时微子离开殷朝进入周，项伯背叛西楚霸王归顺了汉……眼下长安衰败混乱，赤眉兵临近城郊，王侯们互相争战，大臣们离心离德，朝廷的纲纪已经败坏，四方分裂，各路非刘姓的队伍一并起事，因此萧王刘秀跋山涉水，踏霜履雪，在河北一带苦心经营。现在他手下英雄俊杰云集，民众闻风相从，即使像古代邠、岐的民众仰慕周族古公亶父那样的情况，也不足以用来比喻现在。季文您真能从大事成败中觉悟过来，就请赶快定下策略，功劳可和微子、项伯相比，转祸为福，就在这个时候了。倘若萧王刘秀的大军长途疾进，重兵围城，那时即使悔恨也来不及了！"

东汉龙虎铜镜

当初，李轶和刘秀一道首先订立了盟约，彼此很亲爱。等到更始即位，李轶却回过头来同更始一块陷害了刘縯。他虽然知道长安岌岌可危，想投降刘秀，内心又很不安稳。于是回信给冯异说："我本来与萧王首先图谋中兴汉朝，结下生死之盟，共商成败之计。现在我守卫洛阳，您镇守孟津，都占据着要害之地，这是千载一时的好机会，希望我们同心不二。还望您详细禀报萧王，我愿意献上愚见，以佐助国家，安定民众。"李轶自从同冯异通信之后，不再同冯异交战，因此冯异能够向北进攻天井关，攻克了上党郡的两城；又向南打下了河南成皋以东的十三个县，以及各处屯落土堡，都一一平定了，投降的人有十多万人。武勃统领一万多人讨伐那些投降冯异的人，冯异率军渡过黄河，在士乡亭同他交战，把他打得大败并将其杀死，歼灭了五千多人。李轶又紧闭城门不援救武勃。冯异见李轶的诚意表现出来了，就将这些情况上奏给光武。光武故意泄露了李轶的信件，好让朱鲔知道。朱鲔大怒，于是派人刺杀了李轶。因此洛阳城中众人离心，有许多人出去投降。朱鲔于是派讨难将军苏茂统率几万人马进攻温地，他自己带领几万人攻打平阴县，来与冯异军接战以牵制冯异。冯异派遣校尉护军带兵同寇恂一道夹击苏茂，打败了苏茂。冯异又乘机渡过黄河攻打朱鲔，朱鲔逃跑。冯异追赶到洛阳，大军绕着洛阳城转了一圈之后才回去。

他将情况向刘秀上报，因此各路将领都来祝贺刘秀，并且劝说刘秀称帝即位。刘秀把冯异召到鄗，询问各地情势。冯异说："三王反叛，更始衰亡，天下没有君主，汉家宗庙的存亡就决定于大王您。大王应该听从众人的建议，对上是为了国家，对下是为了百姓。"刘秀说："我昨夜梦见自己乘坐赤龙上了天，醒来后内心惊恐害怕。"冯异于是离开座位行再拜之礼祝贺说："这是上天的意志反映在您的心里。内心惶恐不安，是大王您稳重谨慎的性格啊。"冯异于是同各位将领商量定，向刘秀奉上皇帝的尊号。

【原文】

　　建武二年春，定封异阳夏侯。引击阳翟贼严终、赵根，破之。诏异归家上冢，使太中大夫赍牛、酒，令二百里内太守、都尉已下及宗族会焉。

　　时，赤眉、延岑暴乱三辅，郡县大姓各拥兵众，大司徒邓禹不能定，乃遣异代禹讨之。车驾送至河南，赐以乘舆七尺具剑，敕异曰："三辅遭王莽、更始之乱，重以赤眉、延岑之酷，元元涂炭，无所依诉。今之征伐，非必略地屠城，要在平定安集之耳。诸将非不健斗，然好虏掠。卿本能御吏士，念自修敕，无为郡县所苦。"异顿首受命，引而西，所至皆布威信。弘农群盗称将军者十余辈，皆率众降异。

　　异与赤眉遇于华阴，相拒六十余日，战数十合，降其将刘始、王宣等五千余人。

【译文】

　　建武二年春，光武帝正式封冯异为阳夏侯。冯异领兵攻击阳翟的盗贼严终、赵根，并把他们打败。光武让冯异回家乡扫墓，派太中大夫赠送牛肉和酒，命令方圆二百里之内的太守、都尉以下各级官员以及冯异同族的人在冯异家乡会集。

　　当时赤眉、延岑在三辅横行，各郡县豪族大姓都私自拥有武装，大司徒邓禹平定不了，因此光武派遣冯异替换邓禹讨伐他们。光武亲自送他到了黄河南岸，赐给他宝玉装饰的七尺剑。告诉冯异说："三辅遭受王莽、更始的祸害，加上赤眉、延岑的残暴踩躏，百姓涂炭，没有地方依靠、诉说。今天你去征伐，不一定争夺土地、攻占城池，关键在于平定地方、安抚收拢百姓而已。各位将领并非不勇猛善战，但是都喜好掠人劫财。你本来善于管束官吏士兵，希望你更加约束自己，不要让郡县觉得你是灾难。"冯异叩头接受命令，带领军队向西进发。凡是他所到的地方都广布威信。在弘农一带的盗贼自称将军的十多伙人，都率领他们的部众投降了冯异。

　　冯异和赤眉军在华阴遭遇，相持六十多天，交战几十次，降服了他们的将领刘始、王宣等和五千多士卒。

【原文】

　　三年春，遣使者即拜异为征西大将军。会邓禹率车骑将军邓弘等引归，与异相遇，禹、弘要异共攻赤眉。异曰："异与贼相拒且数十日，虽屡获雄将，余众尚多，可稍以恩信倾诱，难卒用兵破也。上今使诸将屯黾池要其东，而异击其西，一举取之，此万成计也。"禹、弘不从。弘遂大战移日，赤眉阳败，弃辎重走。车皆载土，以豆覆其上，兵士饥，争取之。赤眉引还击弘，弘军溃乱。异与禹合兵救之，赤眉小却。异以士卒饥倦，可且休。禹不听，复战，大为所败，死伤者三千余人。禹得脱归宜阳。异弃马步走上回谿阪，与麾下数人归营。复坚壁，收其散卒，招集诸营保数万人，与贼约期会战。使壮士变服与赤眉同，伏于道侧。旦日，赤眉使万人攻异前部，异裁出兵以救之。贼见势弱，遂悉众攻异，异乃纵兵大战。日昃，贼气衰，伏兵卒起，衣服相乱，赤眉不复识别，众遂惊溃。追击，大破于崤底，降男女八万人。余众尚十余万，东走宜阳降。玺书劳异曰："赤眉破平，士吏劳苦，始虽垂翅回谿，终能奋翼黾池，可谓失之东隅、收之桑榆。方论功赏，以答大勋。"

　　时，赤眉虽降，众寇犹盛：延岑据蓝田，王歆据下邽，芳丹据新丰，蒋震据霸陵，张邯据长安，公孙守据长陵，杨周据谷口，吕鲔据陈仓，角闳据汧，骆延据盩厔，任良据鄠，汝章据槐里，各称将军，拥兵多者万余，少者数千人，转相攻击。异且战且行，屯军上林苑中。延岑既破赤眉，自称武安王，拜置牧守，欲据关中，引张邯、任良共攻异。异击破之，斩首千余级，诸营保守附岑者皆来降归异。岑走攻析，异遣复汉将军邓晔、辅汉将军于匡要击岑，大破之，降其将苏臣等八千余人。岑遂自武关走南阳。时百姓饥饿，人相食，黄金一斤易豆五升。道路断隔，委输不至，军士悉以果实为粮。诏拜南阳赵匡为右扶风，将兵助异，并送缣谷，军中皆称万岁。异兵食渐盛，乃稍诛击豪杰不从令者，褒赏降附有功劳者，悉遣其渠帅诣京师，散其众归本业。威行关中。惟吕鲔、张邯、蒋震遣使降蜀，其余悉平。

【译文】

　　建武三年春，光武派使者授冯异为征西大将军。恰逢邓禹率领车骑将军邓弘等带兵归来，同冯异相遇，邓禹、邓弘邀请冯异一起攻打赤眉。冯异说："我与赤眉相持已经几十天了，虽然多次俘虏他们的勇将，但赤眉剩下来的兵众还很多，我们难以一下子用武力打败他们，可以慢慢地用恩德信义争取他们。皇上现在让诸位屯驻黾池拦击其东归之路，我则攻打他们西面，一举打败他们，这是个一定能成功的计划。"邓禹、邓弘不听从冯异的意见。邓弘于是与赤眉交战了一整天，赤眉佯装失败，丢弃辎重逃跑，车里全装的是土块，土块上面盖了一层豆子。邓弘的兵士饥饿，争抢豆子吃。赤眉回兵反攻邓弘，邓弘军溃败散乱。冯异与邓禹合兵援救邓弘，赤眉稍稍退却。冯异认为士卒饥饿疲倦，可以暂时歇息一下。邓禹不听，再次进攻，被赤眉打得大败，死伤的有三千多人，邓禹脱身逃回了宜阳。冯异丢下乘骑徒步逃跑，登上了回豀阪，和几个部下回到了军营，再次坚守壁垒，收集自己的散兵，并招集了各个营堡的兵卒几万人，同赤眉约定了交战时间。冯异让勇猛的士卒穿上了同赤眉一样的服装，埋伏在路旁。第二天，赤眉让一万多人攻打冯异阵营的前部。冯异派出少量兵卒来援助。赤眉见冯异兵力薄弱，于是出动全部人马围攻冯异，冯异这才出动大军大战。太阳西斜，赤眉军士气衰落，埋伏的士兵突然跃出，双方衣服相混，赤眉军不再能辨别敌我，全军于是惊慌溃逃。冯异率军追击，在崤山大败赤眉军，向冯异投降的有八万人。赤眉余部还有十多万人，向东逃到宜阳也投降了。光武下诏书慰劳冯异说："打败赤眉，士卒军吏辛勤劳苦。开始虽然你在回豀失利受挫，但你终能在黾池奏捷，真可以说是'失之东隅，收之桑榆'。我将要论功行赏，来酬答你的大功。"

　　这时赤眉军虽然投降，但是寇贼依然很强大：延岑占据蓝田，王歆占据下邽，芳丹占据新丰，蒋震占据霸陵，张邯占据长安，公孙守占据长陵，杨周占据谷口，吕鲔占据陈仓，角闳占据汧地，骆延占据盩厔，任良占据鄠县，汝章占据槐里。他们都自称将军，拥兵多的超过万人，少的也有几千，相互攻击。冯异一边作战，一边行军，进驻上林苑中。延岑在打败赤眉之后，自称武安王，委任州郡长官，打算占据关中，并引来张邯、任良一同进攻冯异。冯异打败了他们，斩杀了一千多人，那些依附延岑据守营堡的各部都来投降归附了冯异。延岑率兵逃遁，攻打析县，冯异派遣复汉将军邓晔、辅汉将军于匡拦截延岑部众，把他打得大败，收降了他的将领苏臣等八千多人。于是延岑从武关逃往南阳。当时民众饥饿，人吃人的事也出现了，一斤黄金只能换得五升豆子。道路阻隔不通，转运粮食没有到达，士兵们都以野果代替军粮。光武帝便下诏书，任命南阳人赵匡为右扶风，率兵协助冯异，并且给他们送来了缣帛粮食，将士们都高呼万岁。冯异的士兵和粮食渐渐多了起来，他便渐渐向那些不服从政令的割据者发起进攻，奖励那些归降有功的部众，把他们的首领全部遣送到京师，并遣散他们的部下回到农桑本业。冯异的威名传遍关中。只有吕鲔、张邯、蒋震派遣使者投降了蜀地的公孙述，其余的割据势力全部平定了。

【原文】

明年，公孙述遣将程焉，将数万人就吕鲔出屯陈仓。异与赵匡迎击，大破之，焉退走汉川。异追战于箕谷，复破之，还击破吕鲔，营保降者甚众。其后蜀复数遣将间出，异辄摧挫之。怀来百姓，申理枉结，出入三岁，上林成都。

【译文】

第二年，公孙述派遣将领程焉带领几万人马到吕鲔军中，进驻陈仓。冯异与赵匡率军迎击，把他们打得大败。程焉退兵逃往汉川，冯异追击到箕谷，又一次打败了他。冯异回师时攻破了吕鲔的营垒，向冯异投降的相当多。此后公孙述又多次派遣将领偷偷出击，冯异都将他们挫败。冯异招抚民众，为受冤屈者昭雪，来归附的百姓日益增多，冯异在当地往来三年，上林苑竟变成了一个城市。

【原文】

六年春，异朝京师。引见，帝谓公卿曰："是我起兵时主簿也。为吾披荆棘，定关中。"既罢，使中黄门赐以珍宝、衣服、钱、帛。诏曰："仓卒无蒌亭豆粥，滹沱河麦饭，厚意久不报。"异稽首谢曰："臣闻管仲谓桓公曰：'愿君无忘射钩，臣无忘槛车。'齐国赖之。臣今亦愿国家无忘河北之难，小臣不敢忘巾车之恩。"后数引宴见，定议图蜀。留十余日，令异妻子随异还西。

【译文】

建武六年春，冯异赴洛阳朝见光武帝。接见时，光武对公卿大夫们说："冯异是我起兵时的主簿。他为我披荆斩棘，平定了关中。"散朝后派中黄门赏赐珍宝、衣服、钱帛给冯异，下诏说："困顿时有无蒌亭的豆粥、滹沱河的麦饭，这深情厚意，久久没有报答。"冯异叩头谢恩说："我听说管仲对桓公说：'希望君王您莫忘了我射中您带钩的事情，我也不忘您用槛车载我回齐国拜相的恩德。'齐国靠着他们君臣的这种想法而成就了霸业。我现在也希望陛下不忘河北的窘困，我自己也不敢忘却巾车乡的恩德。"以后光武帝还多次接见宴请冯异，讨论决定平蜀之事。留住十多天后，光武命令冯异的妻子儿女跟随冯异回到关中。

【原文】

夏，遣诸将上陇，为隗嚣所败，乃诏异军栒邑。未及至，隗嚣乘胜使其将王元、行巡将二万余人下陇，因分遣巡取栒邑。异即驰兵，欲先据之。……潜往闭城，偃旗鼓。行巡不知，驰赴之。异乘其不意，卒击鼓建旗而出。巡军惊乱奔走，追击数十里，大破之。祭遵亦破王元于汧。于是北地诸豪长耿定等，悉畔隗嚣降。异上书言状，不敢自伐。诸将或欲分其功，帝患之。乃下玺书曰："……征西功若丘山，犹自以为不足。孟之反奔而殿，亦何异哉？今遣太中大夫赐征西吏士死伤者医药、棺敛，大司马已下亲吊死问疾，以崇谦让。"于是使异进军义渠，并领北地太守事。

青山胡率万余人降异。异又击卢芳将贾览、匈奴奠鞬日逐王，破之。上郡、安定皆降，异复领安定太守事。

【译文】

夏季，光武派遣诸将进军陇山，被隗嚣打败。于是光武诏令冯异驻扎栒邑县。他还没有赶到，隗嚣已乘胜派自己的将领王元、行巡率领二万多人由陇山下来，分派行巡部夺取栒邑。冯异马上疾速行军，打算先占据栒邑。……秘密赶到后，关闭城门，放倒军旗，停击军鼓。行巡不知道，疾驱兵马奔来。冯异乘他没有准备，突然擂响战鼓，竖起军旗冲出城来。行巡的部队惊恐混乱，纷纷奔逃，冯异率军追击几十里，大败行巡。祭遵也在汧地打败了王元。于是北地各路兵马的首领如耿定等人，都背叛隗嚣，投降了冯异。冯异上书皇帝报告情况，不敢自夸功绩。将领中有的人想分得冯异的功劳，光武为此忧虑。于是下诏说："……征西大将军的功绩如同高山，还自认为做得不够。这和孟之反在败军尾部断后而又谦逊、不矜其功又有什么区别！现在派遣太中大夫将医药、棺材赏赐给征西士卒、军官中的死伤者，大司马以下的官员要亲自吊唁战死者、慰问伤病者，以崇扬征西大将军谦让的美德。"接着命令冯异向义渠进军，并兼任北地太守。

青山胡率领一万多人归顺了冯异。冯异又攻打卢芳的将领贾览、匈奴奠鞬日逐王。上郡、安定全部归降，冯异又兼领了安定太守的职事。

【原文】

九年春，祭遵卒，诏异守征虏将军，并将其营。及隗嚣死，其将王元、周宗等复立嚣子纯，犹总兵据冀，公孙述遣将赵匡等救之，帝复令异行天水太守事。攻匡等且一年，皆斩之。诸将共攻冀，不能拔，欲且还休兵。异固持不动，常为众军锋。

明年夏，与诸将攻落门，未拔，病发，薨于军，谥曰节侯。

长子彰嗣。明年，帝思异功，复封彰弟诉为析乡侯。十三年，更封彰东缗侯，食三县。

【译文】

　　建武九年春，祭遵去世，光武帝诏令冯异代理征虏将军，并统领祭遵的营众。到隗嚣死去，他的将领王元、周宗等又拥立了隗嚣的儿子隗纯，仍旧统领军队据守冀地。公孙述派遣将领赵匡等人去援助他们，光武又命令冯异兼管天水太守的事务，攻打赵匡等人，将近一年时间，将他们全部斩杀了。各路将领一同围攻冀地，没能攻下，准备暂时撤退休整军队。冯异坚持不动摇，时常充任各支兵马的先锋。

　　第二年夏天，冯异同诸将一同攻打落门，还没有攻下来，疾病发作，死在军中，谥号节侯。

　　长子冯彰袭爵。建武十一年，光武思念冯异的功勋，又封冯彰的弟弟冯䜣为析乡侯。建武十三年，改封冯彰为东缗侯，食邑三个县。

耿弇传

【题解】

　　耿弇，东汉初扶风茂陵（今陕西兴平）人，字伯昭。更始时，率上谷郡兵归刘秀，从定王郎，任大将军。刘秀即位后，为建威大将军，封好畤侯。

【原文】

　　耿弇字伯昭，扶风茂陵人也。其先武帝时，以吏二千石自巨鹿徙焉。父况，字侠游，以明经为郎，与王莽从弟伋共学《老子》于安丘先生，后为朔调连率。弇少好学，习父业。常见郡尉试骑士，建旗鼓，肄驰射，由是好将帅之事。

【译文】

　　耿弇，字伯昭，扶风郡茂陵县人。他的先祖在汉武帝时，因任俸禄为二千石的官职而从巨鹿迁居到茂陵。他的父亲耿况，字侠游，因为通晓经典而任郎官，与王莽堂弟王伋一同在安丘先生门下学《老子》，后来任朔调连率。耿弇从小好学，跟着父亲学习。常常看见郡尉考试骑士、竖立旗鼓、练习骑马射箭，从此便喜欢上将帅的事。

【原文】

及王莽败，更始立，诸将略地者，前后多擅威权，辄改易守、令。况自以莽之所置，怀不自安。时弇年二十一，乃辞况奉奏诣更始，因赍贡献，以求自固之宜。及至宋子，会王郎诈称成帝子子舆，起兵邯郸，弇从吏孙仓、卫包于道共谋曰："刘子舆成帝正统，舍此不归，远行安之？"弇按剑曰："子舆弊贼，卒为降虏耳。我至长安，与国家陈渔阳、上谷兵马之用，还出太原、代郡，反覆数十日，归发突骑以辚乌合之众，如摧枯折腐耳。观公等不识去就，族灭不久也。"仓、包不从，遂亡降王郎。

【译文】

到王莽败亡，更始帝登位，他的部将攻取、占有地盘以后，大多独揽大权，树立威信，改换郡守、县令。耿况认为自己的官职是王莽设置委任的，心中惶恐不安。此时耿弇已有二十一岁，于是就告别耿况到更始那里去，趁机带了一些贡品，用以求得使自己稳固的地位。到达宋子县，恰逢王郎诡称自己是成帝的儿子子舆，在邯郸起兵举事，耿弇的属官孙仓、卫包等官吏在途中共同策划说："刘子舆是成帝的正统，放弃他不归顺，远行到哪里去呢？"耿弇按住剑柄说："刘子舆只是个小强盗，最终会落入别人手里，投降做俘虏罢了。我到长安，参与国家组织的渔阳、上谷的军队，出入太原、代郡，往返几十日，遣发突骑以车轮辗压乌合之众，如同摧枯拉朽。我看各位不知去留，离家灭九族的大祸不远了。"孙仓、卫包二人不听从耿弇的劝说，仍逃亡投降了王郎。

耿 弇

【原文】

时更始征代郡太守赵永，而况劝永不应召，令诣于光武。光武遣永复郡。永北还，而代令张晔据城反畔，乃招迎匈奴、乌桓以为援助。光武以弇弟舒为复胡将军，使击晔，破之。永乃得复郡。时五校贼二十余万北寇上谷，况与舒连击破之，贼皆退走。

【译文】

这时，更始帝征召代郡太守赵永，但耿况劝赵永不要应召，而去见光武帝。光武遣派赵永返回代郡。赵永回去后，代县县令张晔趁他不在时据城反叛，并招迎匈奴、乌桓作为他的后援，抗拒赵永。于是，光武任命耿弇的弟弟耿舒为复胡将军，派他把张晔打败了，赵永才得以回到代郡。接着五校贼兵二十多万北犯上谷，耿况与耿舒迎敌，连连取胜，贼兵失败溃退逃走。

【原文】

光武即位，拜弇为建威大将军。与骠骑大将军景丹、强弩将军陈俊攻厌新贼于敖仓，皆破降之。建武二年，更封好畤侯，食好畤、美阳二县。三年，延岑自武关出攻南阳，下数城。穰人杜弘率其众以从岑。弇与岑等战于穰，大破之，斩首三千余级，生获其将士五千余人，得印绶三百。杜弘降，岑与数骑遁走东阳。

【译文】

光武帝即位，拜耿弇为建威大将军。在敖仓与骠骑大将军景丹、强弩将军陈俊进攻厌新贼兵，击败并使他们投降。建武二年，改封耿弇为好畤侯，以好畤、美阳二县为食。建武三年，延岑从武关出攻南阳，攻下数城。穰人杜弘率众跟随延岑。耿弇与延岑等人在穰县交战，大败延岑，杀敌三千余人，生擒敌军将士五千余人，得印绶三百。杜弘投降，延岑与数骑逃往东阳。

【原文】

弇从幸舂陵，因见自请北收上谷兵未发者，定彭宠于渔阳，取张丰于涿郡，还收富平、获索，东攻张步，以平齐地。帝壮其意，乃许之。

四年，诏弇进攻渔阳。弇以父据上谷，本与彭宠同功，又兄弟无在京师者，自疑，不敢独进，上书求诣洛阳。诏报曰："将军出身举宗为国，所向陷敌，功效尤著，何嫌何疑，而欲求征？且与王常共屯涿郡，勉思方略。"况闻弇求征，亦不自安，遣舒弟国入侍。帝善之，进封况为隃麋侯。乃命弇与建义大将军朱祐、汉忠将军王常等击望都、故安西山贼十余营，皆破之。时征虏将军祭遵屯良乡，骁骑将军刘喜屯阳乡，以拒彭宠。宠遣弟纯将匈奴二千余骑，宠自引兵数万，分为两道以击遵、喜。胡骑经军都，舒袭破其众，斩匈奴两王，宠乃退走。况复与舒攻宠，取军都。五年，宠死，天子嘉况功，使光禄大夫持节迎况，赐甲第，奉朝请。封舒为牟平侯。遣弇与吴汉击富平、获索贼于平原，大破之，降者四万余人。

【译文】

耿弇随从光武帝到舂陵，趁相见之机自请北收未被征发的上谷兵士，到渔阳去平定彭宠，至涿郡去攻取张丰，回头收取富平、获索，然后向东攻打张步，以便扫平齐地。光武帝认为其志气雄壮，就答应了他。

建武四年，诏令耿弇进攻渔阳。耿弇因为其父耿况占据上谷，本与彭宠功绩相等，又无兄弟在京师，犹豫不决，不敢独自出兵，上书请求到洛阳。光武帝下诏说："将军献身举宗为国，所到之处攻陷敌阵，功勋卓著，有何嫌疑，而打算请求征召？暂且与王常一同屯军涿郡，努力思考攻敌的策略。"耿况听说耿弇请求征召，也不能自安，派耿舒的弟弟耿国进宫侍奉，光武帝认为很好，进而封耿况为隃麋侯。光武帝命令耿弇与建义大将军朱祐、汉忠将军王常等攻打望都、安西山的十几营盗贼全被击破。此时征虏将军祭遵屯军良乡县，骁骑将军刘喜屯军阳乡，以抵御彭宠，彭宠派他弟弟彭纯率领两千多匈奴骑兵，彭宠自己统帅几万士兵，分两道夹击祭遵、刘喜。匈奴骑兵经过军都县，耿舒出其不意突然袭击，斩杀匈奴两王，彭宠逃脱。以后，耿况再次与耿舒一起进攻彭宠，夺取了军都。建武五年，彭宠死，光武帝嘉奖耿况战功，派光禄大夫持符节迎接耿况，赐甲等宅院，允许上朝奏事，封耿舒为牟平侯。光武帝派遣耿弇与吴汉在平原郡攻打富平、获索，大败盗贼，投降的人达到四万多。

【原文】

因诏弇进讨张步。弇悉收集降卒，结部曲，置将吏，率骑都尉刘歆、太山太守陈俊引兵而东，从朝阳桥济河以度。

张步闻之，乃使其大将军费邑军历下，又分兵屯祝阿，别于太山钟城列营数十以待弇。弇度河先击祝阿，自旦攻城，日未中而拔之，故开围一角，令其众得奔归钟城。钟城人闻祝阿已溃，大恐惧，遂空壁亡去。费邑分遣弟敢守巨里。弇进兵先胁巨里，使多伐树木，扬言以填塞坑堑。数日，有降者言邑闻弇欲攻巨里，谋来救之。弇乃严令军中趣修攻具，宣敕诸部，后三日当悉力攻巨里城。阴缓生口，令得亡归。归者以弇期告邑，邑至日果自将精兵三万余人来救之。弇喜，谓诸将曰："吾所以修攻具者，欲诱致邑耳。今来，适其所求也。"即分三千人守巨里，自行精兵上冈阪，乘高合战，大破之，临陈斩邑。既而收首级以示巨里城中，城中凶惧，费敢悉众亡归张步。弇复收其积聚，纵兵击诸未下者，平四十余营，遂定济南。

【译文】

光武帝于是又诏令耿弇进军讨伐张步。耿弇收集全部降卒，结聚部曲，设置将领，率领骑都尉刘歆、太山太守陈俊领兵往东，从朝阳桥渡过济河。

张步听说后，便派他的大将军费邑屯兵历下，又分兵驻扎祝阿县，另在泰山钟城驻扎几十个营，严阵以待。耿弇渡过黄河先攻打祝阿县，从早晨攻城，不到中午就攻占了，但又故意网开一面，留下一个缺口，让一部分士卒能够逃归钟城。钟城人听说祝阿已溃败，极为恐惧，于是弃城逃离。费邑分兵派遣其弟费敢防守巨里。耿弇进军首先到达巨里，派人砍伐树木，扬言要用树木填塞坑沟。几天以后，有来投降的人说费邑听说耿弇打算攻打巨里，策划前来援救。耿弇于是急令军中速修进攻器具，宣令各部三天后当全力攻打巨里城。耿弇暗地里释放俘虏，使其得以逃回。逃回的人将耿弇的攻城日期告诉费邑，费邑到那一天果然率精兵三万多人来救援。耿弇大喜，告诉各位将领说："我之所以要修理攻城器具，目的是想引诱费邑来救援。现在他果然来了，恰

东汉·说唱俑

好符合我的愿望。"立即分兵三千守在巨里城外，自己带领精锐部队上山，居高临下交战，大破敌军，战斗中斩杀了费邑。不久，把他的首级挂在巨里城外示众，城中恐惧而喧嚷骚动，费敢率全部人马逃归张步。耿弇又收集他们积聚的财物，发兵攻打各个未攻下的地方，削平四十多营，平定了济南郡。

【原文】

弇乃令军中无得妄掠剧下，须张步至乃取之，以激怒步。步闻大笑曰："以尤来、大肜十余万众，吾皆即其营而破之。今大耿兵少于彼，又皆疲劳，何足惧乎！"乃与三弟蓝、弘、寿及故大肜渠帅重异等兵号二十万，至临淄大城东，将攻弇。弇先出淄水上，与重异遇，突骑欲纵，弇恐挫其锋，令步不敢进，故示弱以盛其气，乃引归小城，陈兵于内。步气盛，直攻弇营。与刘歆等合战，弇升王宫坏台望之，视歆等锋交，乃自引精兵以横突步陈于东城下，大破之。飞矢中弇股，以佩刀截之，左右无知者。至暮罢。

弇明旦复勒兵出。是时帝在鲁，闻弇为步所攻，自往救之，未至。陈俊谓弇曰："剧虏兵盛，可且闭营休士，以须上来。"弇曰："乘舆且到，臣子当击牛醨酒以待百官，反欲以贼虏遗君父邪？"乃出兵大战，自旦及昏，复大破之，杀伤无数，城中沟堑皆满。

弇知步困将退，豫置左右翼为伏以待之。人定时，步果引去，伏兵起纵击。追至钜昧水上，八九十里僵尸相属，收得辎重二千余两。步还剧，兄弟各分兵散去。

【译文】

耿弇于是命令军中不得轻举妄动攻掠剧县，等待张步到后才能攻取，以此来激怒张步。张步听后大笑说："尤来、大肜十多万人，我都是靠近其营垒而击败他们。现在耿弇的士兵少于他们，又都已疲劳，有什么可畏惧的呢！"于是与他的三个弟弟张蓝、张弘、张寿及原大肜主帅重异等率领号称二十万的大军，到临淄大城东，准备攻击耿弇。耿弇先出兵淄水边，与重异遭遇，突骑打算进兵，耿弇担心挫败其前锋使张步不敢前进，故意显示兵力弱而使张步气势强盛。他于是便带兵回到小城，陈兵于城内。张步气焰嚣张，直攻耿弇军营，与刘歆等交战。耿弇登上损坏的王宫高台观战，见刘歆等人交锋，这才亲自率领精锐部队在东城下横穿张步战阵，大破张步。流箭射中耿弇屁股，他用佩刀把箭杆截断，左右无人知晓，一直战斗到黄昏以后。

  耿弇第二天早晨又率兵出击。此时光武帝在鲁地，听说耿弇遭到张步的进攻，就亲自率大军来援救，还没有到。陈俊告诉耿弇说："剧县敌兵强盛，可以暂时关闭军营，让士卒休息，等待皇上的到来。"耿弇说："皇上即将到来，臣子应当杀牛备酒招待百官，怎么反而打算留下敌人来让皇上和父老们攻打呢？"于是出兵大战，从早晨一直打到黄昏，再一次大败张步，杀伤无数敌兵，城中沟堑都填满了。

  耿弇明白张步已经支持不了多久就要撤退了，事先在左右两翼埋下伏兵等待张步的军队。夜深人静之时，张步果然退却，伏兵四起迎面截击。追到钜昧河上，死尸相连接长达八九十里远，收缴辎重两千多车。张步狼狈地逃回到剧县，他的几个弟弟也各自逃散了。

【原文】

  六年，西拒隗嚣，屯兵于漆。八年，从上陇。明年，与中郎将来歙分部徇安定、北地诸营保，皆下之。弇凡所平郡四十六，屠城三百，未尝挫折。十三年，增弇户邑，上大将军印绶，罢，以列侯奉朝请。每有四方异议，辄召入问筹策。年五十六，永平元年卒，谥曰愍侯。

【译文】

  建武六年，耿弇率领军队西拒隗嚣，在漆县屯兵。建武八年，跟从光武帝征伐陇西。第二年，耿弇与中郎将来歙分兵攻打安定、北地各营保，都攻克下它们。耿弇一共平定四十六个郡，屠城三百个，没有失败过。建武十三年，增封耿弇户邑，授大将军印绶，封拜仪式结束，以列侯身份参与朝见仪式。朝廷每有四方异议，光武帝总是将耿弇召入问计。永平元年去世，时五十六岁，谥号愍侯。

马 援 传

【题解】

马援(前14－49)，东汉初将领。字文渊，扶风茂陵(今陕西兴平东北)人。曾任新莽时新成(陕西汉中)大尹。后归刘秀。建武十二年(36)，任陇西太守，后任伏波将军，率兵平息交阯郡动乱，被封为新息侯。回师不久，又北攻乌桓。常言"男儿要当死于边野，以马革裹死还葬"以相激励。武陵部落起兵反汉，时援已年逾花甲，仍领兵出战，病故军中。

【原文】

马援字文渊，扶风茂陵人也。其先赵奢为赵将，号曰马服君，子孙因为氏。武帝时，以吏二千石自邯郸徙焉。曾祖父通，以功封重合侯，坐兄何罗反，被诛，故援再世不显。援三兄况、余、员，并有才能，王莽时皆为二千石。

【译文】

马援字文渊，扶风茂陵县人。他的祖先赵奢做过战国时赵国的将军，爵号"马服君"，后代子孙因此就以"马"为姓氏。汉武帝时，马家以郡太守的身份从邯郸迁至茂陵。马援的曾祖父名通，因有功被封为重合侯，由于受他哥哥马何罗谋反的牵连，被处死，所以马援的祖父和父亲两代家族都不显赫。马援的三个哥哥马况、马余、马员，都很有才能，王莽时都担任郡太守。

【原文】

援年十二而孤，少有大志，诸兄奇之。尝受《齐诗》，意不能守章句，乃辞况，欲就边郡田牧。况曰："汝大才，当晚成。良工不示人以朴，且从所好。"会况卒，援行服期年，不离墓所；敬事寡嫂，不冠不入庐。后为郡督邮，送囚至司命府，囚有重罪，援哀而纵之，遂亡命北地。遇赦，因留牧畜，宾客多归附者，遂役属数百家。转游陇汉间，常谓宾客曰："丈夫为志，穷当益坚，老当益壮。"因处田牧，至有牛、马、羊数千头，谷数万斛。既而叹曰："凡殖货财产，贵其能施赈也，否则守钱虏耳。"乃尽散以班昆弟故旧，身衣羊裘皮绔。

【译文】

马援十二岁成了孤儿，少年时就胸怀大志，几位哥哥对他另眼相看。他曾经学过《齐诗》，但不愿意老是纠缠在分析古人的章节句读之中，于是告别马况，要到边疆去放牧。马况说："你这人是大器晚成。优秀的工匠是不肯把未经加工的璞玉给人看的，我就随你的便吧。"恰巧这时马况死了，马援服丧一年，不离哥哥的墓地；他对待寡嫂很恭敬，不穿戴整齐不进家门。后来马援当了郡督邮，有一次押送犯人到司命府去，犯人被判了重刑，马援因可怜他而把他放走了，于是自己就逃亡到北地郡。正巧遇上大赦，马援就留在那里放牧，许多宾客故旧都来归附他，供他役使的就有好几百户人家。马援在陇西、汉中一带游牧时，他常常对宾客说："男子汉大丈夫的志气，身处逆境应该更坚定，年纪大了应该更远大。"他靠着种田、放牧，发展到拥有牛、马、羊数千头，粮食数万斛。之后，他叹息道："凡是从事经商、生产的人，贵在能够接济别人，否则就是金钱的奴隶。"于是就把他的家产全部分送给他的兄弟和老朋友，自己却身穿羊皮做的衣裤。

马援

【原文】

建武四年冬，嚣使援奉书洛阳。援至，引见于宣德殿。世祖迎笑谓援曰："卿遨游二帝间，今见卿，使人大惭。"援顿首辞谢，因曰："当今之世，非独君择臣也，臣亦择君矣。臣与公孙述同县，少相善。臣前至蜀，述陛戟而后进臣。臣今远来，陛下何知非刺客奸人，而简易若是？"帝复笑曰："卿非刺客，顾说客耳。"援曰："天下反覆，盗名字者不可胜数。今见陛下，恢廓大度，同符高祖，乃知帝王自有真也。"帝甚壮之。

【译文】
建武四年冬天，隗嚣派马援带着他的信往洛阳见汉光武帝。马援到了洛阳，被领到宣德殿接见。世祖皇帝迎上来笑着对马援说："您在两位皇帝之间往来，今天一见，真让人深感惭愧。"马援叩首辞谢，然后说："当今之世，不仅君王要挑选臣子，臣子也要挑选君王呢。臣和公孙述是同县人，自幼很要好。臣日前到蜀地去，公孙述在宫殿里布置好了卫队然后才让臣进去。臣今天远道而来，陛下怎么知道我不是刺客、坏人，竟这样不加戒备呢？"光武帝又笑着说："你不是刺客，却是说客。"马援说："天下大乱，称王称帝的多得数不清。今天我见到了陛下，气魄宏大，很像高祖皇帝，我这才知道什么叫真命天子。"光武帝非常看重马援的胆识。

【原文】
援说嚣曰："前到朝廷，上引见数十，每接宴语，自夕至旦，才明勇略，非人敌也。且开心见诚，无所隐伏，阔达多大节，略与高帝同。经学博览，政事文辩，前世无比。"嚣曰："卿谓何如高帝？"援曰："不如也。高帝无可无不可；今上好吏事，动如节度，又不喜饮酒。"嚣意不怿，曰："如卿言，反复胜邪？"然雅信援，故遂遣长子恂入质。

【译文】
马援对隗嚣说："日前我到洛阳去，皇上接见我几十次，每次宴会上和我交谈，从傍晚一直谈到清晨，他的才能、英明、勇敢和谋略，非凡人所能匹敌。而且，他开诚布公，没有什么隐瞒的，豁达而讲究大节，大致和高祖皇帝一样。他博览经书，处理政事和起草文书的能力，前无古人。"隗嚣说："你以为比高祖皇帝如何？"马援说："比不上。高祖皇帝处理事务没有框框；今天皇上讲究吏治，一举一动都有规定，又不喜欢饮酒。"隗嚣心里不乐，说："照你这么说，不是反而胜过高祖皇帝了吗？"然而隗嚣还是很相信马援，所以就派自己的长子隗恂到洛阳去做人质。

【原文】

八年，帝自西征嚣，至漆，诸将多以王师之重，不宜远入险阻，计尤豫未决。会召援，夜至，帝大喜，引入，具以群议质之。援因说隗嚣将帅有土崩之势，兵进有必破之状。又于帝前聚米为山谷，指画形势，开示众军所从道径往来，分析曲折，昭然可晓。帝曰："虏在吾目中矣。"明旦，遂进军至第一，嚣众大溃。

【译文】

建武八年，光武帝亲自西征隗嚣，到了漆县，众将都认为御驾亲征非同一般，不宜深入险地，进退之计犹豫不决。正好这时光武帝召见马援，马援连夜赶到，光武帝大喜，领他进入内室，把群臣的意见提出来让他决定。马援就为光武帝分析隗嚣部属有土崩瓦解的形势，和大军进攻必定能够破敌的情况。他还在光武帝的面前堆米作山谷，指点山川地形，指出各支部队来往的道路，分析得曲折细致，明白易懂。光武帝说："敌人的情况我已经一目了然了！"第二天早晨，大军进兵第一城，隗嚣的部众溃不成军。

【原文】

九年，拜援为太中大夫，副来歙监诸将平凉州。自王莽末，西羌寇边，遂入居塞内，金城属县多为虏有。来歙奏言陇西侵残，非马援莫能定。十一年夏，玺书拜援陇西太守。援乃发步骑三千人，击破先零羌于临洮，斩首数百级，获马、牛、羊万余头。守塞诸羌八千余人诣援降，诸种有数万，屯聚寇钞，拒浩亹隘。援与扬武将军马成击之。羌因将其妻子辎重移阻于允吾谷，援乃潜行间道，掩赴其营。羌大惊坏，复远徙唐翼谷中，援复追讨之。羌引精兵聚北山上，援陈军向山，而分遣数百骑绕袭其后，乘夜放火，击鼓叫噪，虏遂大溃，凡斩首千余级。

【译文】

建武九年，马援升任太中大夫，配合来歙监督众将平定凉州。自王莽末年起，西羌人就进犯边地，后来进至塞内定居，金城郡下属的各县有不少已为羌人所有。来歙在奏书中说陇西郡受到羌人的进犯，除了马援没人能够平定。建武十一年夏，光武帝亲自发布诏书任命马援为陇西太守。马援于是率领三千步兵和骑兵，在临洮打败了先零羌，斩敌数百人，获得马、牛、羊一万多头。守卫要塞的各部羌人共八千余人自己跑去投降了马援。羌族各支共有数万人，屯兵聚集，扼守浩亹险要之地。马援和扬武将军马成率兵攻敌。羌人就把他们的妻儿、装备物资堵在允吾谷挡道，马援于是悄悄地走小路，直扑羌人的军营。羌人惊恐，又远远地搬迁到唐翼谷中，马援又追上去攻打。羌人把精锐部队聚集在北山上，马援就在山前摆开阵势，而分派数百名骑兵绕到羌人的背后突然袭击，乘着黑夜放火，击鼓叫喊，羌人大败，共杀敌一千余人。

盘龙石砚　　石砚由砚盖和砚座两部分组成。砚座石质呈棕褐色，座底有等距离浮雕兽形三足，三足中间的圆形图案中有篆书"五铢"二字。

【原文】

又交阯女子徵侧及女弟徵贰反，攻没其郡，九真、日南、合浦蛮夷皆应之，寇略岭外六十余城，侧自立为王。于是玺书拜援伏波将军，以扶乐侯刘隆为副，督楼船将军段志等南击交阯。军至合浦而志病卒，诏援并将其兵。遂缘海而进，随山刊道千余里。十八年春，军至浪泊上，与贼战，破之，斩首数千级，降者万余人。援追徵侧等至禁谿，数败之，贼遂散走。明年正月，斩徵侧、徵贰，传首洛阳。封援为新息侯，食邑三千户。援乃击牛酾酒，劳飨军士。从容谓官属曰："吾从弟少游常哀吾慷慨多大志，曰：'士生一世，但取衣食裁足，乘下泽车，御款段马，为郡掾史，守坟墓，乡里称善人，斯可矣。致求盈余，但自苦耳。'当吾在浪泊、西里间，虏未灭之时，下潦上雾，毒气重蒸，仰视飞鸢跕跕堕水中，卧念少游平生时语，何可得也！今赖士大夫之力，被蒙大恩，猥先诸君纡佩金紫，且喜且惭。"吏士皆伏称万岁。

【译文】

　　交阯女子徵侧和她的妹妹徵贰起兵反叛朝廷，攻占了交阯郡，九真、日南、合浦的蛮夷都起来响应，攻下了五岭以南的六十多座城池，徵侧自立为王。于是，朝廷下令任马援为伏波将军，以扶乐侯刘隆做他的副手，率领楼船将军段志等向南攻打交阯。部队行进到合浦段志生病死了，皇帝又颁下诏书要马援指挥原来段志手下的士兵。于是部队沿海路进发，遇山开路达千余里。建武十八年春，部队抵达浪泊，同叛军激战，打败了反叛军，杀敌几千人，投降的有上万人。马援率军追赶徵侧等到达禁谿，多次打败敌人，叛军于是溃散了。第二年正月，杀死徵侧、徵贰，把她们的头颅送到洛阳。朝廷封马援为新息侯，食邑三千户。马援于是杀牛备酒，犒劳将士。从容地对手下的军官们说："我的堂弟少游过去常常为我慷慨激昂、胸怀大志而伤感，说：'人活一辈子，只求温饱，乘坐下泽车，驾驭款段马，做个郡太守手下的掾史，守着祖宗的坟墓，被乡邻们誉为善人，这就可以了。除此之外还要有所追求，不过是自讨苦吃。'当我在浪泊、西里一带叛军还没被消灭的时候，地下是积水，天上是迷雾，上下毒气夹攻，抬头看见飞鹰都坠入水里，躺下时想想少游平时说过的话，怎么办得到呢！现在，依靠各位的大力帮忙，我蒙受皇上大恩，在各位之先就佩上了金印、紫绶，真是又高兴又惭愧。"军官们都伏地口呼万岁。

【原文】

　　援将楼船大小二千余艘，战士二万余人，进击九真贼徵侧余党都羊等，自无功至居风，斩获五千余人，峤南悉平。援奏言西于县户有三万二千，远界去庭千余里，请分为封溪、望海二县，许之。援所过辄为郡县治城郭，穿渠灌溉，以利其民。条奏越律与汉律驳者十余事，与越人申明旧制以约束之，自后骆越奉行马将军故事。

【译文】

　　马援指挥楼船大小共两千余艘、战士两万余人，追击活动于九真郡的徵侧余党都羊等人，从无功县一直追到居风县，杀死、俘获五千余人，岭南地区全部平定。马援上奏朝廷说西于县共有三万二千户人家，最远的人家离县城有一千多里，请分为封溪、望海两个县，朝廷同意了。马援每到一处就为那里的郡、县整修城墙，开渠灌溉农田，以造福当地的人民。马援还上奏越人法律与汉朝法律不同之处共十多处，向越人申明旧制以约束他们的行为，从此以后越人就遵行马将军给他们定下的制度。

【原文】

二十年秋，振旅还京师，军吏经瘴疫死者十四五。赐援兵车一乘，朝见位次九卿。

【译文】

建武二十年秋天，马援整顿队伍回返京城，将士们受岭外瘴气感染而死的有十分之四五。皇上赐给马援兵车一辆，上朝时的位置排在九卿之后。

【原文】

初，援军还，将至，故人多迎劳之。平陵人孟冀，名有计谋，于座贺援。援谓之曰："吾望子有善言，反同众人邪？昔伏波将军路博德开置七郡，裁封数百户；今我微劳，猥飨大县，功薄赏厚，何以能长久乎？先生奚用相济？"冀曰："愚不及。"援曰："方今匈奴、乌桓尚扰北边，欲自请击之。男儿要当死于边野，以马革裹尸还葬耳，何能卧床上在儿女之手中邪！"冀曰："谅为烈士，当如此矣。"

【译文】

在此之前，马援的部队回京城，将要到达的时候，他的许多老朋友都迎出城外慰问。平陵人孟冀，以擅长计谋闻名，在座中也祝贺马援的成功。马援对他说："我一心希望你能有中肯的话告诉我，难道你反而同大家没什么两样吗？过去伏波将军路博德开拓边疆七个郡，不过封了几百户，今天我功劳微薄，就享有新息这样的大县，功少赏多，怎么能长久呢？先生有什么法子帮助我吗？"孟冀说："我想不出。"马援说："如今匈奴、乌桓还在骚扰北方边境，我想自己请求率军出征。男子汉就应该死在边疆，用马革包裹着尸体回家安葬，怎么能躺在床上满足于儿女之情呢？"孟冀说："真是一名壮烈之士，应该这样。"

梁 冀 传

【题解】

　　梁冀(？－159)，东汉外戚。安定乌氏（今甘肃平凉西北）人，字伯卓。两妹为顺帝、桓帝皇后。141年为大将军。顺帝死，梁太后临朝，乃操权柄。先后立冲、质、桓三帝，专断朝政近二十年，被质帝称为"跋扈将军"。与妻孙寿穷奢极侈，掠民数千为奴婢。159年，桓帝与宦官共诛梁氏，遂畏罪自杀。

【原文】

　　冀字伯卓。为人鸢肩豺目，洞精眄睐，口吟舌言，裁能书计。少为贵戚，逸游自恣。性嗜酒，能挽满、弹棋、格五、六博、蹴鞠、意钱之戏，又好臂鹰走狗、骋马斗鸡。初为黄门侍郎，转侍中、虎贲中郎将、越骑、步兵校尉，执金吾。

【译文】

　　梁冀字伯卓，长得肩如老鹰双翅上耸，目似豺狼两眼倒竖，深目无神，茫然直视，口齿不清，只能抄抄写写记记账。他自小就是高贵的皇家姻戚，游手好闲，任意放纵。生性喜欢喝酒，擅长射箭、弹棋、格五、六博、蹴鞠、猜钱等玩艺，还喜爱架鹰驱犬狩猎、跑马斗鸡。梁冀初任黄门侍郎，后来迁调侍中、虎贲中郎将、越骑、步兵校尉，执金吾。

【原文】

　　永和元年，拜河南尹。冀居职暴恣，多非法，父商所亲客洛阳令吕放，颇与商言及冀之短，商以让冀，冀即遣人于道刺杀放，而恐商知之，乃推疑于放之怨仇，请以放弟禹为洛阳令，使捕之，尽灭其宗亲、宾客百余人。商薨未及葬，顺帝乃拜冀为大将军，弟侍中不疑为河南尹。及帝崩，冲帝始在襁褓，太后临朝，诏冀与太傅赵峻、太尉李固参录尚书事。冀虽辞不肯当，而侈暴滋甚。冲帝又崩，冀立质帝。帝少而聪慧，知冀骄横，尝朝群臣，目冀曰："此跋扈将军也。"冀闻，深恶之，遂令左右进鸩加煮饼，帝即日崩。

【译文】

顺帝永和元年，梁冀任京都地区的行政长官。他在任期间，暴虐妄为，有很多违法行为。他父亲梁商的密友洛阳令吕放，向梁商略微谈及梁冀的短处，梁商用吕放所说的内容责备了梁冀，梁冀就派人在路上把吕放刺杀了，又怕梁商知道，就把吕放被杀的嫌疑推到吕放的仇人身上，请求委任吕放的弟弟吕禹为洛阳令，要他去缉拿凶手，结果把吕放仇人的家族、亲戚和宾客一百多人全部杀光了。梁商去世，还没有等到下葬，顺帝就任命梁冀为大将军，其弟弟侍中梁不疑为京师地区行政长官。到汉顺帝死时，汉冲帝方才两岁，还在襁褓之中，由梁太后临朝执政。她诏令梁冀与太傅赵峻、太尉李固共同参与掌管尚书事宜，处理朝政。梁冀虽然推辞不肯担当，却更加恣意妄为，暴虐不法。没过多久，冲帝又死了，梁冀迎立质帝。质帝时年虽少，却很聪明，知道梁冀骄横。曾有一次朝见群臣，他注视着梁冀说："这位是跋扈将军啊！"梁冀听了恨之入骨，就叫亲信将毒药放入汤饼送给质帝，质帝当天就死去了。

东汉鎏金铜樽　东汉传世文物，通体鎏金。装饰富丽，为圆筒形，有隆顶尊盖，立雕熊状，承盘亦为三足，均雕为熊形，熊体镶嵌红、绿宝石，光彩夺目。

【原文】

复立桓帝，而枉害李固及前太尉杜乔，海内嗟惧，语在《李固传》。建和元年，益封冀万三千户，增大将军府举高第茂才，官属倍于三公。又封不疑为颍阳侯，不疑弟蒙西平侯，冀子胤襄邑侯，各万户。和平元年，重增封冀万户，并前所袭合三万户。

【译文】

梁冀又迎立桓帝，并陷害李固和前任太尉杜乔，天下个个叹息，人人自危，这件事记在《李固传》中。建和元年，桓帝给梁冀加封食邑一万三千户，增加大将军府推荐优异者和保荐茂才的名额，大将军府的官员人数比太尉、司徒、司空三公府多一倍。又封他的弟弟梁不疑为颍阳侯、梁不疑的弟弟梁蒙为西平侯、自己的儿子梁胤为襄邑侯，每人封邑一万户。和平元年，又加封梁冀食邑一万户，加上以前继承的封邑，合计三万户。

【原文】

其四方调发，岁时贡献，皆先输上第于冀，乘舆乃其次焉。吏人赍货求官请罪者，道路相望。冀又遣客出塞，交通外国，广求异物。因行道路，发取伎女御者，而使人复乘势横暴，妻略妇女，殴击吏卒，所在怨毒。

【译文】

那些从各地征调来的物资，以及一年四季进贡的东西，都得先把上等的送给梁冀，皇帝所得的是次一等的。官吏和百姓携带财物到梁家求官请罪的，络绎不绝。梁冀还派遣门客出使塞外，与外国联系，大肆搜求珍奇异物。借着行路向各处索取歌伎僮仆，而派去的人又倚仗权势，横行霸道，掠夺污辱民家妇女，殴打当地官吏和役卒，所过之处，人们无不痛恨。

【原文】

冀乃大起第舍，而寿亦对街为宅，殚极土木，互相夸竞。堂寝皆有阴阳奥室，连房洞户。柱壁雕镂，加以铜漆，窗牖皆有绮疏青琐，图以云气仙灵。台阁周通，更相临望；飞梁石蹬，陵跨水道。金玉珠玑，异方珍怪，充积臧室。远致汗血名马。又广开园囿，采土筑山，十里九坂，以像二崤，深林绝涧，有若自然，奇禽驯兽，飞走其间。冀、寿共乘辇车，张羽盖，饰以金银，游观第内，多从倡伎，鸣钟吹管，酣讴竟路。或连继日夜，以骋娱恣。客到门不得通，皆请谢门者，门者累千金。又多拓林苑，禁同王家，西至弘农，东界荥阳，南极鲁阳，北达河、淇，包含山薮，远带丘荒，周旋封域，殆将千里。又起菟苑于河南城西，经亘数十里，发属县卒徒，修缮楼观，数年乃成。移檄所在，调发生菟，刻其毛以为识，人有犯者，罪至刑死。尝有西域贾胡，不知禁忌，误杀一兔，转相告言，坐死者十余人。冀二弟尝私遣人出猎上党，冀闻而捕其宾客，一时杀三十余人，无生还者。冀又起别第于城西，以纳奸亡。或取良人，悉为奴婢，至数千人，名曰"自卖人"。

【译文】

　　梁冀于是大建府第房舍，孙寿也在梁府街对面修造宅院。都极尽土木之盛，互相夸耀竞赛。行礼待客和寝卧之处都有幽深邃密的房间，房屋相连，门户相通。房柱墙壁镂刻着花纹，涂着金漆；大小窗户上都有青色的镂空花纹连环图案，描绘着云气仙人。亭台楼阁通道相连，可以登临互相眺望。拾级而上的石桥，飞架在河上。金玉珍珠和异邦的珍奇之物，堆满仓库。从遥远的大宛弄来了有名的汗血马。又大辟园林，取土筑成假山，十里九坡，以仿效东西崤山。森林幽深，山涧险绝，有如天然真景。奇异的飞禽和驯化了的兽类，在园内飞来跑去。梁冀和孙寿一同坐着人力推挽的小车，车上张挂着羽饰的车盖，镶饰着金银，在府第园林中游览，带着很多歌伎，鸣钟磬吹管箫，一路歌声酣畅。有时通宵达旦，纵情逸乐。客人前去拜访，守门人不予通报，客人只得用财物贿赂他们，守门人的积累多达千金。梁冀又扩大园林苑囿，有关林苑的禁令和皇室的一样。西面达到弘农，东面达到荥阳，南面达到鲁阳，北面达到黄河、淇水，包揽山林泽地，远衔丘陵荒野，周围疆界将近千里。又在河南城西兴修兔苑，纵横几十里，调发所辖各县士兵、民夫去修建楼阁，营建了几年才完工。然后向地方发出文告，征调活兔子，剪去一撮兔毛作为标记，如果有人违犯禁令，伤害了这些兔子，定罪重的能到肉刑、处死。曾经有位从西域来的异邦商人，不知这里的禁令，误杀了一只兔子，人们辗转告发，受株连而死的达十余人。梁冀的二弟曾私下派人到上党一带打猎，梁冀听说后就捉拿了他二弟的宾客，一下子杀了三十多人，没有一个活着回来。梁冀又在城西另建府第，用来收容逃亡的奸民。有时把无辜的百姓也抓去，全部沦为奴婢，达数千人之多，给他们起名叫"自卖人"。

【原文】

　　元嘉元年，帝以冀有援立之功，欲崇殊典，乃大会公卿，共议其礼，于是有司奏冀入朝不趋，剑履上殿，谒赞不名，礼仪比萧何；悉以定陶、成阳余户增封为四县，比邓禹；赏赐金钱、奴婢、采帛、车马、衣服、甲第，比霍光；以殊元勋。每朝会，与三公绝席。十日一入，平尚书事。宣布天下，为万世法。冀犹以所奏礼薄，意不悦。专擅威柄，凶恣日积，机事大小，莫不咨决之。宫卫近侍，并所亲树。禁省起居，纤微必知。百官迁召，皆先到冀门笺檄谢恩，然后敢诣尚书。

【译文】
　　元嘉元年，桓帝因为梁冀有帮助自己被立为皇帝的功勋，想用特殊恩典来尊崇他，就召集朝臣，共同商讨给梁冀的礼遇。于是主管官员奏请梁冀上朝时可以不趋拜，上殿可以穿靴带剑，拜见皇帝、赞礼时都不称其名，同当年汉高祖给予萧何的礼遇一样；把定陶、成阳封赐梁冀剩下的户数，全部加封给他，共增加为四县，同东汉初年邓禹的封邑一样；赏赐的金钱、奴婢、绸缎、车马、衣服、住宅，与霍光相同；用这些办法以显示梁冀与其他功臣不同。每次参加朝会，不与三公同坐，独占一席。十天上一次朝，评议尚书省事务。把这些向天下宣布，作为千年万代的制度。梁冀还嫌所奏的礼遇菲薄，心里很不高兴。他把持权柄，放肆地行凶作恶，日甚一日，国家的大小事情，没有不请示他、由他决断的。宫廷的侍卫近臣，都是他亲自安插的，宫禁中的生活情况，不论多么细小他准能知道。百官调动职务和受皇帝召见，都要先到梁冀府中投书谢恩，然后才敢到尚书省接受命令。

【原文】
　　永兴二年，封不疑子马为颍阴侯，胤子桃为城父侯。冀一门前后七封侯，三皇后，六贵人，二大将军，夫人、女食邑称君者七人，尚公主者三人，其余卿、将、尹、校五十七人。在位二十余年，究极满盛，威行内外，百僚侧目，莫敢违命，天子恭己而不得有所亲豫。

【译文】
　　永兴二年，封梁不疑的儿子梁马为颍阴侯，梁胤的儿子梁桃为城父侯。总计梁冀一家前后有七人封侯，三人为皇后，六人为贵人，二人为大将军，妇人和女儿有食邑和"君"封号的七人，娶公主为妻的三人，其余担任卿、将、尹、校等职位的五十七人。梁冀在位二十余年，权势达到无以复加的地步，在朝廷内外大施淫威，所有官员都不敢正面而视，没有谁敢违背他的命令，皇帝也只得对他恭敬，一切政务都不能亲自过问。

【原文】

帝既不平之。延熹元年，太史令陈授因小黄门徐璜，陈灾异日食之变，咎在大将军。冀闻之，讽洛阳令收考授，死于狱，帝由此发怒。遂与中常侍单超、具瑗、唐衡、左悺、徐璜等五人成谋诛冀。

【译文】

桓帝对梁冀早就不满。延熹元年，太史令陈授通过小黄门徐璜向皇帝报告，发生灾害和日食等变异现象的罪过在于大将军。梁冀知道此事，就暗示洛阳令将陈授逮捕拷问，害死在狱中。桓帝由此发怒。于是同宦官单超、具瑗、唐衡、左悺、徐璜等五人共同商定计谋，诛杀梁冀。

【原文】

冀心疑超等，乃使中黄门张恽入省宿，以防其变。具瑗敕吏收恽，以辄从外入，欲图不轨。帝因是御前殿，诏诸尚书入，发其事，使尚书令尹勋持节勒丞郎以下皆操兵守省阁，敛诸符节送省中。使黄门令具瑗将左右厩驺、虎贲、羽林、都候敛戟士，合千余人，与司隶校尉张彪共围冀第。使光禄勋袁盱持节收冀大将军印绶，徙封比景都乡侯。冀及妻寿即日皆自杀。悉收子河南尹胤、叔父屯骑校尉让，及亲从卫尉淑、越骑校尉忠、长水校尉戟等，诸梁及孙氏中外宗亲送诏狱，无长少皆弃市。不疑、蒙先卒。其他所连及公卿、列校、刺史、二千石，死者数十人，故吏、宾客免黜者三百余人，朝廷为空，惟尹勋、袁盱及廷尉邯郸义在焉。是时，事卒从中发，使者交驰，公卿失其度，官府市里鼎沸，数日乃定，百姓莫不称庆。

【译文】

　　梁冀疑心单超等人，于是派中黄门张恽进宫值宿，以防单超等发动事变。具瑗就命令宫中小吏将张恽逮捕，罪名是擅入宫禁，图谋不轨。桓帝因此来到前殿，把尚书们都召进来，公布了这件事，派尚书令尹勋拿着符节总领尚书丞和尚书郎以下官员，都手持武器守卫宫中各官署。集中所有的符节，送进宫中。派黄门令具瑗率领左右厩的骑士、虎贲勇士、羽林军和都候敛戟士等，合计有千余人。会同司隶校尉张彪，一起包围了梁冀的府第。派光禄勋袁盱持符节前去收回梁冀的大将军印绶，降封他为比景都乡侯。梁冀和妻子孙寿当天都自杀了。悉数逮捕了梁冀的儿子河南尹梁胤、叔父屯骑校尉梁让，以及他的亲族卫尉梁淑、越骑校尉梁忠、长水校尉梁戟等梁氏官员，把孙氏在朝廷内外的宗族和亲戚也都关进特设的监狱，不论老少全部处死。梁不疑和梁蒙早已去世。其他牵连到的公卿、列校、刺史和郡守等被杀的共有几十人，梁冀过去的属吏和宾客被罢官和免职的有三百多人。朝廷因此都空了，只有尚书令尹勋、光禄勋袁盱和廷尉邯郸义三人还在任上。当时，因为事变是突然由宫中爆发的，因此使者急速地往来通报，朝廷重臣都不知所措。官府和民间为之轰动，几天后才安定下来，天下百姓同声称快。

东汉墓前辟邪　东汉时的墓葬前多立石兽以镇守墓穴，保卫墓主不受邪鬼侵犯，这种石兽称为"辟邪"。

【原文】

　　收冀财货，县官斥卖，合三十余万万，以充王府，用减天下税租之半。散其苑囿，以业穷民。录诛冀功者，封尚书令尹勋以下数十人。

【译文】

　　没收了梁冀的财产，由朝廷变卖，共值三十余万万钱，用来充实国库，因此减免当年天下租税的一半。拆除梁家所有的园林，交给贫穷的百姓耕种放牧。重用诛灭梁冀有功的人，封赏了尚书令尹勋及以下几十个人。

郑玄传

【题解】

郑玄（127—200），字康成，北海高密人。郑玄出生于贫寒之家，自幼勤奋好学，十三岁即已能诵五经，又喜好天文历法、五行占卜之术，素有"神童"之誉。郑玄生活的时代，正是东汉王朝江河日下之时，朝纲颓废，宦官专权，党锢之狱屡兴，黄巾之乱四起。官场上，吏治败坏，尔虞我诈；学术界，派系林立，干禄纷争。这一切使郑玄绝意于仕途，游学后即回归乡里，客耕东莱，教授生徒，立言著说，欲"述先圣之玄意，思整百家之不齐"。后来，郑玄也为党锢牵连，被禁锢长达十有四载。在这期间，他杜门不出，隐修经业，唯授徒著说而已。郑玄一生著述鸿丰，曾为《周易》、《尚书》、《毛诗》、《仪礼》、《礼记》、《论语》、《孝经》、《尚书大传》、《中候》、《乾象历》等作注解，又著有《天文七政论》、《鲁礼禘祫义》、《六艺论》、《毛诗谱》、《答临孝存周礼难》等，凡百余万言。

【原文】

郑玄字康成，北海高密人也。八世祖崇，哀帝时尚书仆射。玄少为乡啬夫，得休归，常诣学官，不乐为吏，父数怒之，不能禁。遂造太学受业，师事京兆第五元先，始通《京氏易》、《公羊春秋》、《三统历》、《九章算术》。又从东郡张恭祖受《周官》、《礼记》、《左氏春秋》、《韩诗》、《古文尚书》。以山东无足问者，乃西入关，因涿郡卢植，事扶风马融。融门徒四百余人，升堂进者五十余生。融素骄贵，玄在门下，三年不得见，乃使高业弟子传授于玄。玄日夜寻诵，未尝怠倦。会融集诸生考论图纬，闻玄善算，乃召见于楼上，玄因从质诸疑义，问毕辞归。融喟然谓门人曰："郑生今去，吾道东矣！"

【译文】

郑玄，字康成，北海国高密县人。他的八世祖郑崇，在西汉哀帝时曾任尚书仆射。郑玄年轻时在乡里做啬夫，每逢休假回家，总要到学校里读书，不喜欢做小吏。父亲为此多次发火,也制止不了他。于是他到京城太学里从师学习,拜京兆人第五元先为师,开始时掌握《京氏易》、《公羊春秋》、《三统历》及《九章算术》。又从东郡人张恭祖学习《周官》、《礼记》、《左氏春秋》、《韩诗》、《古文尚书》等。因为在山东没有值得求教的人了,于是他往西入关,经过涿郡卢植的介绍,拜扶风马融为师。马融有门徒四百多人,而能够登堂入室听他亲自讲课的仅有五十余人。马融一向骄贵,郑玄拜在门下,三年都未能见他一面;马融只是让自己的高才生给郑玄授课。郑玄日夜寻究诵习,从未有过丝毫懈怠厌倦。有一次遇上马融召集门生研讨图纬,听说郑玄精通算术,于是在楼上召见他。郑玄就趁这个机会向马融请教平时学习中发现的疑难问题,问完了问题就告辞回到山东故乡。马融怅然若失地对学生们说:"郑玄现在离去,我的学问到东方去了。"

【原文】

玄自游学,十余年乃归乡里。家贫,客耕东莱,学徒相随已数百千人。及党事起,乃与同郡孙嵩等四十余人俱被禁锢,遂隐修经业,杜门不出。时任城何休好《公羊》学,遂著《公羊墨守》、《左氏膏肓》、《穀梁废疾》。玄乃发《墨守》、针《膏肓》、起《废疾》,休见而叹曰:"康成入吾室,操吾矛,以伐我乎!"初,中兴之后,范升、陈元、李育、贾逵之徒争论古今学,后马融答北地太守刘瓖及玄答何休,义据通深,由是古学遂明。

【译文】

郑玄自从出外游学,十多年才回家乡。家境贫穷,郑玄到东莱借土地耕种,这时跟随他学习的学生已有成百上千人了。等到党锢之祸发生,他和同乡孙嵩等四十余人都被禁锢终身,不许做官。于是他埋头研习经学,闭门不出。当时任城人何休喜好《公羊春秋》的学说,于是写了《公羊墨守》、《左氏膏肓》、《穀梁废疾》,郑玄就著了驳正《墨守》、《膏肓》和《废疾》的文章。何休见到后感叹说:"郑康成简直是走进我的屋里,拿了我的矛来攻击我呀!"当初东汉初年，范升、陈元、李育、贾逵等曾经争论过今、古文经学。到后来马融回答北地太守刘瓌和郑玄回答何休，由于理论畅达精深，因此古文经学才开始昌明起来。

【原文】

灵帝末，党禁解，大将军何进闻而辟之。州郡以进权戚，不敢违意，遂迫胁玄，不得已而诣之。进为设几杖，礼待甚优。玄不受朝服，而以幅巾见。一宿逃去。时年六十，弟子河内赵商等自远方至者数千。后将军袁隗表为侍中，以父丧不行。国相孔融深敬于玄，屣履造门。

【译文】

汉灵帝末年，党禁解除，大将军何进听说郑玄的名声便征召他。州郡长官因为何进是当权的外戚，不敢违背他的意旨，于是胁迫郑玄，郑玄不得已前去应召。何进为他准备了几案和手杖，礼遇十分优厚。郑玄没有穿送来的朝服，只戴头巾去见何进。住了一夜便逃走了。这时郑玄年已六十，从远方来的门徒，如河内人赵商等达数千人。后来将军袁隗上表推荐他担任侍中，他因父亲去世没有就任。北海相孔融对他非常敬重，曾急急忙忙地到他家拜访。

孔融　东汉文学家，鲁国（今山东曲阜）人。誉为建安七子之首。

【原文】

董卓迁都长安，公卿举玄为赵相，道断不至。会黄巾寇青部，乃避地徐州，徐州牧陶谦接以师友之礼。建安元年，自徐州还高密，道遇黄巾贼数万人，见玄皆拜，相约不敢入县境。玄后尝疾笃，自虑，以书戒子益恩曰："吾家旧贫，不为父母群弟所容。去厮役之吏，游学周、秦之都，往来幽、并、兖、豫之域，获觐乎在位通人，处逸大儒，得意者咸从捧手，有所受焉。遂博稽《六艺》，粗览传记，时睹秘书纬术之奥。

年过四十，乃归供养，假田播殖，以娱朝夕。遇阉尹擅势，坐党禁锢，十有四年，而蒙赦令，举贤良方正有道，辟大将军三司府。公车再召，比牒并名，早为宰相。惟彼数公，懿德大雅，克堪王臣，故宜式序。吾自忖度，无任于此，但念述先圣之元意，思整百家之不齐，亦庶几以竭吾才，故闻命罔从。而黄巾为害，萍浮南北，复归邦乡。入此岁来，已七十矣。宿素衰落，仍有失误，案之礼典，便合传家。今我告尔以老，归尔以事，将闲居以安性，覃思以终业。自非拜国君之命，问族亲之忧，展敬坟墓，观省野物，胡尝扶杖出门乎！家事大小，汝一承之。咨尔茕茕一夫，曾无同生相依。其勖求君子之道，研钻勿替，敬慎威仪，以近有德。显誉成于僚友，德行立于己志。若致声称，亦有荣于所生，可不深念邪！可不深念邪！吾虽无绂冕之绪，颇有让爵之高。自乐以论赞之功，庶不遗后人之羞，末所愤愤者，徒以亡亲坟垄未成，所好群书率皆腐敝，不得于礼堂写定，传与其人。日西方暮，其可图乎！家今差多于昔，勤力务时，无恤饥寒。菲饥食，薄衣服，节夫二者，尚令吾寡恨。若忽忘不识，亦已焉哉！"

【译文】

董卓迁都长安，大臣们荐举郑玄出任赵国相，因道路不通没有赴任。赶上黄巾军进攻青州地区，郑玄到徐州躲避战乱，徐州牧陶谦以师友之礼接待他。汉献帝建安元年，由徐州回高密家乡，路上遇到黄巾军好几万人，他们见了郑玄都下拜，大家约定不侵犯高密县境。后来郑玄曾经病重，恐怕自己一病不起，于是写信告诫儿子郑益恩说："我们家过去贫困，我得不到父母诸弟的宽容和支持，自己勉强辞掉了贱役一般的小吏职务，在周、秦旧都访师求学，往来于幽、并、兖、豫各州，得见那些活着的博通古今的大师和隐居的著名学者，令人高兴的是这些通儒都接受了我的请教，对我有所传授。于是我广泛稽考儒家经典著作，浏览各家注释，还不时阅览珍贵图书的深奥之作。年过四十，才回家供养父母，租赁田地耕种来欢度时日。遇到宦官独揽权力，我被党

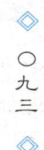

人案件牵连而遭禁锢，十四年后才得到赦免。后来多次被推举为贤良、方正、有道的诸种人才，被大将军、三司府征召任职。两次被朝廷直接征召，和我同列征召名牒的其他人，有些早已做了宰相。这几位都有美德和高才，能够胜任皇帝大臣的职责，因此应当任用。而我估量自己没有能力担任这类职务，只想阐述孔子儒学的本来意旨，统一各家的歧异，希望发挥自己在这方面的才智，所以接到征召的命令就没有应命。黄巾造反，使我奔走南北、行踪不定，现在才重返故土。到了这一年，我已经七十岁了。旧时的学业素养已经荒疏，还有一些失误之处；根据礼典规定，人到七十岁就应当把家事传给儿子管理了。今天我告诉你我老了，家务事要交给你承担，我将居家来安定心性，深入思考来完成事业。除非接受国君的命令，慰问同族亲属的疾病，察看祭拜坟墓，观览省视野物，我何曾拄着拐杖出过门哩！大小家事，由你全部承担。可叹你独自一人，竟没有兄弟姐妹可以依靠，一定要奋勉力求君子的修养，钻研不懈，注意态度仪表，亲近那些品德高尚的人。显赫的荣誉是由同事朋友促成的，建立德行要靠自己的志向，若有了好的名声，父母也是有光的，这些能不深入地想想呀！能不深入地想想呀！我虽然没有显赫的官位，却有多次辞让官爵的清高，以评论总结整理经典的功业自乐，希望不会落得后人的讥笑。最后，我所忧虑的，只是死去的双亲坟墓尚未修成，我所喜爱的书籍大都腐烂了，不能在讲学习礼的堂内写成定稿，传给应当传授的人。我就像太阳西下将近迟暮，还能做成这些事吗！我们家境现在比过去稍好一些，只要勤奋努力，珍惜时光，就不须害怕饥寒。粗茶淡饭、简衣素服，若能在衣食两方面有所节制，还算是让我没有什么遗憾了。如果你忘记这些话，体会不到我的苦心，那也没有什么办法！"

【原文】

时大将军袁绍总兵冀州，遣使要玄，大会宾客，玄最后至，乃延升上坐。身长八尺，饮酒一斛，秀眉明目，容仪温伟。绍客多豪俊，并有才说，见玄儒者，未以通人许之，竟设异端，百家互起。玄依方辩对，咸出问表，皆得所未闻，莫不嗟服。时汝南应劭亦归于绍，因自赞曰："故泰山太守应中远，北面称弟子，何如？"玄笑曰："仲尼之门考以四科，回、赐之徒不称官阀。"劭有惭色。绍乃举玄茂才，表为左中郎将，皆不就。公车征为大司农，给安车一乘，所过长吏送迎。玄乃以病自乞还家。

【译文】

这时，大将军袁绍在冀州统领大军，派使者邀请郑玄。袁绍大会宾客，郑玄最后到，袁绍将他迎入上座。郑玄身材高大，酒量过人，眉目清秀，容貌温和且仪表伟岸。袁绍的客人大都是俊秀豪杰，各有才气而善辩，他们看见郑玄是一个儒者，不认为郑玄是个博通的人。于是大家竞相提出一些古怪的问题，各种学派的观点交替而来。郑玄依据儒学要旨答辩应对，内容都超出了问题的范围，大家都得到了闻所未闻的知识，没有人不慨叹敬服。当时汝南人应劭也归附了袁绍，他自我引荐道："前泰山郡守应仲远，想作为您的学生，怎么样？"郑玄笑着说道："孔子的弟子，要考察德行、言语、政事、文学四种，颜渊、子贡这些学生向来不称自己的官衔和门第。"应劭十分惭愧。于是，袁绍荐举郑玄为茂才，上书推荐他出任左中郎将，郑玄都没有就任。后来朝廷公车征召他为大司农，又供给他一辆安车，并规定郑玄经过之处，主管官员必须迎送。郑玄却称病请求回家。

【原文】

五年春，梦孔子告之曰："起，起，今年岁在辰，来年岁在巳。"既寤，以谶合之，知命当终，有顷寝疾。时袁绍与曹操相距于官度，令其子谭遣使逼玄随军，不得已，载病到元城县，疾笃不进，其年六月卒，年七十四。遗令薄葬。自郡守以下尝受业者，缞绖赴会千余人。

【译文】

建安五年春，郑玄梦见孔子告诉他说："起来，起来，今年是庚辰年，明年就是辛巳年。"醒后，根据谶纬推算，知道自己生命将要终尽。不一会，郑玄便卧病不起。这时袁绍和曹操正在官渡对峙，叫他的儿子袁谭派人去强迫郑玄随军任职。郑玄不得已，带病到了元城县，病势加重，不能继续前进，当年六月便去世了，终年七十四岁。郑玄临终嘱咐从简办理丧事。届时，曾经从郑玄学习过，任郡守以下职务的官员，都穿着丧服来送葬，共有一千多人。

班 固 传

【题解】

　　班固（32—92），东汉扶风安陵（今陕西咸阳东北）人，字孟坚。十六岁入洛阳太学。后任兰台令史。奉诏完成其父班彪所著《史记后传》，历二十余年，撰成《汉书》，资料丰富、精密，叙事得当，并开创断代修史之法。又以文学著名，著有《两都赋》等。

【原文】

　　固字孟坚。年九岁，能属文诵诗赋。及长，遂博贯载籍，九流百家之言，无不穷究。所学无常师，不为章句，举大义而已。性宽和容众，不以才能高人，诸儒以此慕之。

【译文】

　　班固，字孟坚，九岁能写文章，背诵诗赋。长大后，便博通群籍，九流百家之言无不彻底探求。班固求学无固定的老师，不为寻章摘句之学，只是了解文章大义而已。他性情宽和，不自恃才能凌于人上，众儒因此敬慕他。

【原文】

　　父彪卒，归乡里。固以彪所续前史未详，乃潜精研思，欲就其业。既而有人上书显宗，告固私改作国史者，有诏下郡，收固系京兆狱，尽取其家书。先是，扶风人苏朗伪言图谶事，下狱死。固弟超恐固为郡所核考，不能自明，乃驰诣阙上书，得召见，具言固所著述意，而郡亦上其书。显宗甚奇之，召诣校书部，除兰台令史，与前睢阳令陈宗、长陵令尹敏、司隶从事孟异，共成《世祖本纪》。迁为郎，典校秘书。固又撰功臣、平林、新市、公孙述事，作列传、载记二十八篇，奏之。帝乃复使终成前所著书。

【译文】

其父班彪去世，班固回归乡里。班固认为班彪续写前汉史未详，便潜精研究、思考，打算完成父业。不久有人上书明帝，告班固私自改作国史，明帝下诏书到郡中，收捕班固到京兆狱中，查抄其家中全部书稿。在此之前，扶风人苏朗因妄谈图谶之事，下狱而死。班固弟弟班超害怕班固被狱中官吏拷问，不能自明，便赶快赶到宫门上书，得到明帝召见。他详细讲明班固著述的意图。此时郡中也将其书稿呈上。明帝认为班固是奇才，召他到校书部，拜为兰台令史，与前睢阳县令陈宗、长陵县令尹敏、司隶从事孟异共同撰成《世祖本纪》。升迁为郎，主管校订宫廷藏书。班固又撰写功臣、平林、新市、公孙述之事，作列传、载记二十八篇，上奏。明帝于是又令他继续完成以前所著书。

【原文】

固以为汉绍尧运，以建帝业，至于六世。史臣乃追述功德，私作本纪，编于百王之末，厕于秦、项之列，太初以后，阙而不录，故探撰前纪，缀集所闻，以为《汉书》。起元高祖，终于孝平王莽之诛，十有二世，二百三十年，综其行事，旁贯《五经》，上下洽通，为春秋考纪、表、志、传凡百篇。固自永平中始受诏，潜精积思二十余年，至建初中乃成。当世甚重其书，学者莫不讽诵焉。

【译文】

班固认为汉朝是继承尧的天命，建立帝王基业，直至六世。史臣司马迁追述其历史功德，私自撰写本纪，将汉朝帝王本纪编于百王之末，置于与秦王、项羽一样的地位。况且太初以后的历史缺而不录。所以班固探寻编撰前人记载，缀集他所听说的史实，以著成《汉书》。起于汉高祖，止于汉平帝、王莽被杀，共记载十二世，二百三十年。此书综述西汉全部历史，旁贯儒家《五经》，前后融会贯通，撰帝王本纪、表、志、传凡一百篇。班固自永平年间开始接受诏令，潜精积思二十余年，至建初中才写成。当时的学者都很看重他的书，没有不诵读的。

【原文】

　　自为郎后，遂见亲近。时京师修起宫室，浚缮城隍，而关中耆老犹望朝廷西顾。固感前世相如、寿王、东方之徒，造构文辞，终以讽劝，乃上《两都赋》，盛称洛邑制度之美，以折西宾淫侈之论。……及肃宗雅好文章，固愈得幸，数入读书禁中，或连日继夜。每行巡狩，辄献上赋颂，朝廷有大议，使难问公卿，辩论于前，赏赐恩宠甚渥。固自以二世才术，位不过郎，感东方朔、扬雄自论，以不遭苏、张、范、蔡之时，作《宾戏》以自通焉。后迁玄武司马。天子会诸儒，讲论《五经》，作《白虎通德论》，令固撰集其事。

【译文】

　　班固自从做郎官后，就为明帝所亲近。当时京师洛阳修建宫室，整治城壕，而在关中上了年纪的高官和百姓还希望朝廷西返长安。班固有感于前世司马相如、吾丘寿王、东方朔等人虚构文辞，最后用来讽谏皇帝。于是上奏《两都赋》，盛赞洛阳建筑规模法令礼俗之美，以此折服"西宾"浮夸之论。……章帝即位，喜爱文章，班固愈加得宠，多次进宫给皇帝读书，有时夜以继日。章帝每逢巡行各地，班固就献上赋、颂。朝廷有大事商议，章帝就让班固向大臣提出疑难问题，当面论辩。章帝对班固的赏赐、恩宠极其优厚。班固自认为父子两代皆有才学，而职位没有超过郎，有感于东方朔、扬雄的自论，皆认为没碰上苏秦、张仪、范雎、蔡泽的时代，因而作《宾戏》以自我解愁。此后升任为玄武门司马。章帝召集众儒讲论《五经》，作《白虎通德论》，令班固撰集此事。

【原文】

　　时北单于遣使贡献，求欲和亲，诏问群僚。议者或以为："匈奴变诈之国，无内向之心，徒以畏汉威灵，逼惮南虏，故希望报命，以安其离叛。今若遣使，恐失南虏亲附之欢，而成北狄猜诈之计，不可。"固议曰："窃自惟思，汉兴已来，旷世历年，兵缠夷狄，尤事匈奴。绥御之方，其途不一，或修文以和之，或用武以征之，或卑下以就之，或臣服而致之。虽屈申无常，所因时异，然未有拒绝弃放，不与交接者也……臣愚以为宜依故事，复遣使者，上可继五凤、甘露致远人之会，下不失建武、永平羁縻之义……"固又作《典引篇》述叙汉德……固后以母丧去官。

【译文】

当时北匈奴单于派使者进贡，欲求和亲，章帝为此诏问群臣。参与商议的有人认为："匈奴为善变诡诈之国，无归附之心，只是因为畏惧汉朝声威，又被南匈奴所威逼，所以希望汉朝遣使回访，借以平定其内部离叛局面。现在若遣使回访，恐怕会失去南匈奴亲附的好事，而促成北匈奴诡诈之计谋。不能这样做。"班固建议说："臣以为，汉朝建立以来，历时久远，一直与夷狄所纠缠，尤其是用兵匈奴。其实，安抚与抵御他们的方法有时途径不一：或兴修文教，与他们和睦相处；或使用武力，征伐他们；或低下地迁就他们；或使他们稽首臣服，送子入侍。虽然在策略上屈伸无常，那是因为形势不同，然而没有拒绝放弃不与他们交往的……我认为应该依照旧例，再次派遣使者。这样，上可继五凤、甘露年间招致远方匈奴到汉朝聚会的业绩，下不失建武、永平年间牵制匈奴的深谋远虑……"班固又作《典引篇》，以叙述汉朝功德……班固后因母亲去世而去官。

【原文】

永元初，大将军窦宪出征匈奴，以固为中护军，与参议。北单于闻汉军出，遣使款居延塞，欲修呼韩邪故事，朝见天子，请大使。宪上遣固行中郎将事，将数百骑与虏使俱出居延塞迎之。会南匈奴掩破北庭，固至私渠海，闻虏中乱，引还。及窦宪败，固先坐免官。

【译文】

永元初年，大将军窦宪出征匈奴，任用班固为中护军，参议军机。北单于听说汉军出征，派使者到居延塞，想仿效呼韩邪旧例，朝见天子，请求派汉使联系。窦宪上书请求派班固代行中郎将之事，率数百骑与北匈奴使者一起出居延塞迎接北单于。此时正逢南匈奴攻占了北匈奴的驻地。班固至私渠海，听说匈奴发生内乱，引兵返回。到窦宪失势下台，班固首先论罪免官。

【原文】

　　固不教学诸子，诸子多不遵法度，吏人苦之。初，洛阳令种兢尝行，固奴干其车骑，吏椎呼之，奴醉骂，兢大怒，畏宪不敢发，心衔之。及窦氏宾客皆逮考，兢因此捕系固，遂死狱中，时年六十一岁。诏以谴责兢，抵主者吏罪。

【译文】

　　班固平时不管教儿子，几个儿子大多不遵法度，地方官吏常被他们欺侮。当初，洛阳县令种兢曾经出行，班固的家奴冲犯其车马，随行官吏就推打、呵斥家奴，家奴酒醉便张口大骂，种兢大怒，但因畏惧窦宪不敢发作，却怀恨在心。到窦氏门客都被逮捕拷问时，种兢乘机逮捕班固，班固死在狱中，时年六十一岁。和帝下诏谴责种兢，将主办此案的官吏治罪。

【原文】

　　固所著《典引》、《宾戏》、《应讥》、诗、赋、铭、诔、颂、书、文、记、论、议、六言，在者凡四十一篇。

【译文】

　　班固所著《典引》、《宾戏》、《应讥》、诗、赋、铭、诔、颂、书、文、记、论、议、六言，存者共四十一篇。

班 超 传

【题解】

　　班超(32－102)，字仲升。东汉扶风平陵(今陕西咸阳东北)人。62年随其兄班固至洛阳，旋投笔从戎。73年，从窦固出击匈奴，为假司马。受命率三十六人出使西域，平鄯善，杀匈奴使者。83年，升将兵长史，平定莎车、疏勒叛乱，击退月氏人侵，并与乌孙取得联系。91年，受命为西域都护。次年，封定远侯。97年遣甘英出使大秦，至四海(今波斯湾)而还。

【原文】

十六年，奉车都尉窦固出击匈奴，以超为假司马，将兵别击伊吾，战于蒲类海，多斩首虏而还。固以为能，遣与从事郭恂俱使西域。

【译文】

永平十六年，奉车都尉窦固率兵出击匈奴，以班超为代理司马，领兵另击伊吾，双方在蒲类海交战，班超杀死了许多匈奴首领得胜而还。窦固认为班超有才干，就派他和佐吏郭恂一起出使西域。

【原文】

超到鄯善，鄯善王广奉超礼敬甚备，后忽更疏懈。超谓其官属曰："宁觉广礼意薄乎？此必有北虏使来，狐疑未知所从故也。明者睹未萌，况已著邪。"乃召侍胡诈之曰："匈奴使来数日，今安在乎？"侍胡惶恐，具服其状。超乃闭侍胡，悉会其吏士三十六人，与共饮，酒酣，因激怒之曰："卿曹与我俱在绝域，欲立大功，以求富贵。今虏使到裁数日，而王广礼敬即废；如令鄯善收吾属送匈奴，骸骨长为豺狼食矣。为之奈何？"官属皆曰："今在危亡之地，死生从司马。"超曰："不入虎穴，不得虎子。当今之计，独有因夜以火攻虏，使彼不知我多少，必大震怖，可殄尽也。灭此虏，则鄯善破胆，功成事立矣。"众曰："当与从事议之。"超怒曰："吉凶决于今日。从事文俗吏，闻此必恐而谋泄，死无所名，非壮士也！"众曰："善。"初夜，遂将吏士往奔虏营。会天大风，超令十人持鼓藏虏舍后，约曰："见火然，皆当鸣鼓大呼。"余人悉持兵弩夹门而伏。超乃顺风纵火，前后鼓噪。虏众惊乱，超手格杀三人，吏兵斩其使及从士三十余级，余众百许人悉烧死。明日乃还告郭恂，恂大惊，既而色动。超知其意，举手曰："掾虽不行，班超何心独擅之乎？"恂乃悦。超于是召鄯善王广，以虏使首示之，一国震怖。超晓告抚慰，遂纳子为质。还奏于窦固，固大喜，具上超功效，并求更选使使西域。帝壮超节，诏固曰："吏如班超，何故不遣而更选乎？今以超为军司马，令遂前功。"超复受使，固欲益其兵，超曰："愿将本所从三十余人足矣。如有不虞，多益为累。"

【译文】

　　班超到达鄯善，鄯善王广招待班超礼节很周到，后来忽然变得怠慢了。班超对自己的部下说："你们觉得广的敬意比从前不如了吗？这说明一定有匈奴的使者来了，鄯善王犹犹豫豫不知该臣服谁才这样做的。英明的人在事情还未萌发时就能预测，何况此事已经很明显了。"于是把伺候他们的胡人侍者叫了过来，故意诈他道："匈奴的使者已经来了好几天，今天还在吗？"侍者惶恐万分，把事情全说出来了。班超于是把侍者监禁起来，自己同手下的三十六位吏士聚集在一起，和他们一起喝酒，班超趁酒酣之时激怒他们说："诸位和我都在远离中原的西域，要立大功，求富贵。现在，匈奴的使者到此地才几天，而鄯善王广对我们的礼貌和敬重就都不见了；如果让鄯善王抓了我们送给匈奴人，那我们的尸骨就成了豺狼的点心了。我们该怎么办呢？"手下的人都说："现在我们都处在随时要掉脑袋的境地，不管是死是活都听司马的指挥。"班超说："不入虎穴，不得虎子。目前我们的出路，只有趁黑夜以火攻匈奴的使者，让他们不知道我们有多少人，他们必定吓坏了，我们就可以把他们全部歼灭。消灭了这批匈奴使者，那么鄯善王及其臣下就吓破了胆，大功便告成了。"众人说："这件事应该和郭恂商量一下。"班超大怒道："是死是活就在今天决定。郭恂是平庸的文官，知道这个计划后必定因害怕而把计划泄露出去，我们死了也不值得，称不上真正的壮士。"众人说："好。"天刚暗下来，班超就带领吏士向匈奴使者住的营房奔去。正好这时天上刮起了大风，班超命令十个人拿着鼓藏在匈奴营房后面，同他们约定："一见火烧起来，你们应该一起一边击鼓一边呼喊。"余下的人都手持兵器和弓弩埋伏在大门的两边。班超于是顺风放火，前后一起击鼓喊叫。匈奴人惊慌失措，班超亲手杀死了三人，手下的吏士杀死了匈奴使者和他的三十多位随从，其余一百多人全被烧死。第二天班超才告诉郭恂，郭恂大惊，随

班超

即变了脸。班超明白他的意思，举手说："从事虽然没有参加昨晚的行动，但是班超岂有独占功劳的意思？"郭恂这才高兴起来。班超于是召见鄯善王广，把匈奴使者的头颅拿出来给他看，整个鄯善国人都被吓坏了。班超于是开导、安慰鄯善王，鄯善王同意把儿子送到汉朝做人质。班超回去向窦固报告，窦固非常高兴，把班超的功劳呈报朝廷，并要求另选使者出使西域。明帝推重班超的气节，诏命窦固："有班超这样的将官，为何不派他出使西域而要另外选使者呢？现在，以班超为军司马，命他继续以前的工作。"班超又一次接受使命，窦固要为他增加兵马，班超说："我希望带领原来跟从我的三十多人就足够了。如果发生意外，人多了反而增加累赘。"

【原文】

是时于寘王广德新攻破莎车，遂雄张南道，而匈奴遣使监护其国。超既西，先至于寘。广德礼意甚疏。且其俗信巫。巫言："神怒何故欲向汉？汉使有𫘨马，急求取以祠我。"广德乃遣使就超请马。超密知其状，报许之，而令巫自来取马。有顷，巫至，超即斩其首以送广德，因辞让之。广德素闻超在鄯善诛灭虏使，大惶恐，即攻杀匈奴使者而降超。超重赐其王以下，因镇抚焉。

【译文】

当时于寘王广德刚攻破莎车，于是称雄张南道，而匈奴派遣了使者监护于寘国。班超西行以后，先到达于寘。国王广德礼节很不周到，而且于寘国的风俗信奉巫术。巫师说："神灵发怒了，为何还要归附汉朝？汉朝的使者有𫘨马，赶快向他要来祭祀我。"广德于是派使者向班超求取𫘨马。班超侦知这些情况，对使者说同意，但要巫师自己来取马。过了一会儿，巫师来了，班超立即斩下他的头送到广德那里，并将他责备一番。广德早就听说班超在鄯善杀死匈奴使者的事，今又见此状，于是大为惊恐，立即杀死匈奴使者而投降了班超。班超重赏于寘王及其臣下，并镇守于寘。

【原文】

时，龟兹王建为匈奴所立，倚恃虏威，据有北道，攻破疏勒，杀其王，而立龟兹人兜题为疏勒王。明年春，超从间道至疏勒。去兜题所居槃橐城九十里，逆遣吏田虑先往降之。敕虑曰："兜题本非疏勒种，国人必不用命。若不即降，便可执之。"虑既到，兜题见虑轻弱，殊无降意。虑因其无备，遂前劫缚兜题。左右出其不意，皆惊惧奔走。虑驰报超，超即赴之，悉召疏勒将吏，说以龟兹无道之状，因立其故王兄子忠为王，国人大悦。忠及官属皆请杀兜题，超不听，欲示以威信，释而遣之。疏勒由是与龟兹结怨。

【译文】

当时龟兹王建是匈奴扶持所立，他依仗匈奴的力量，占据天山北路，并派兵攻破疏勒，杀了他们的国王，而立龟兹人兜题为疏勒王。第二年春天，班超率领部下抄小路来到疏勒。在离兜题居住的槃橐城有九十里的地方，派一个叫田虑的小官去招降兜提，班超指示田虑说："兜题本不是疏勒人，该国人一定不服从他的命令，他若不立即投降，你就把他抓起来。"田虑来到槃橐兜题的王宫，兜提看田虑位轻势弱，没有丝毫投降的意思。田虑趁其不备，向前劫持并捆绑了他。兜题身旁的人因事出意外，被田虑的突然行动吓得四散逃跑了。田虑把兜题挟在腋下，纵身上马，飞一般地去见班超。班超等人立即扬鞭策马，奔向槃橐城。到了那里，班超把疏勒的文武官员召集起来，向他们宣布龟兹攻灭疏勒的霸道行径和兜题的种种暴虐行为，趁机立了被龟兹杀死的疏勒国王的侄子名叫忠的来做国王，老百姓非常高兴。疏勒新国王忠和他的官吏们一致请求班超，要求把兜题杀掉，班超不同意，打算从此树立威信，放走了兜题。疏勒从此同龟兹结了怨。

【原文】

十八年，帝崩。焉耆以中国大丧，遂攻没都护陈睦。超孤立无援，而龟兹、姑墨数发兵攻疏勒。超守槃橐城，与忠为首尾，士吏单少，拒守岁余。肃宗初即位，以陈睦新没，恐超单危不能自立，下诏征超。超发还，疏勒举国忧恐。其都尉黎弇曰："汉使弃我，我必复为龟兹所灭耳。诚不忍见汉使去。"因以刀自刭。超还至于寘，王侯以下皆号泣曰："依汉使如父母，诚不可去。"互抱超马脚,不得行。超恐于寘终不听其东,又欲遂本志,乃更还疏勒。疏勒两城自超去后,复降龟兹,而与尉头连兵。超捕斩反者,击破尉头,杀六百余人,疏勒复安。

【译文】

永平十八年,明帝去世。焉耆因为中国有国丧,于是攻杀了西域都护陈睦。班超孤立无援,而龟兹、姑墨几次发兵进攻疏勒。班超固守槃橐城,与忠互为首尾。尽管他们兵力单薄,仍然坚守了一年多。肃宗刚刚登基,因为西域都护陈睦刚刚战死,担心班超人单势危不能自保,下诏召班超撤回汉朝。班超出发撤回汉朝时,疏勒举国忧虑恐惧。该国有一个叫黎弇的都尉说:"汉朝的使者一旦抛弃了我们,我们疏勒国就会再一次被龟兹灭亡。实在不忍心看见汉朝的使者离去。"说罢,就用刀自杀了。班超到了于寘,于寘的王侯以下都呼号悲泣,说:"我们依靠汉朝使者如同孩子依靠父母一样,实在不可以离我们而去。"互相抱着班超坐骑的脚,使班超无法前行。班超担心于寘国最终不会让他东进,又打算继续完成自己的志向,于是又回到了疏勒。疏勒有两座城在班超离开以后,又投降了龟兹,并和尉头国联合。班超逮捕斩杀了反叛者,打败了尉头国,杀了六百多人,疏勒再度安定下来。

【原文】

建初三年,超率疏勒、康居、于寘、拘弥兵一万人攻姑墨石城,破之,斩首七百级。超欲因此回平诸国,乃上疏请兵。曰:"臣窃见先帝欲开西域,故北击匈奴,西使外国,鄯善、于寘即时向化。今拘弥、莎车、疏勒、月氏、乌孙、康居复原归附,欲共并力破灭龟兹,平通汉道。若得龟兹,则西域未服者百分之一耳。臣伏自惟念,卒伍小吏,实愿从谷吉效命绝域,庶几张骞弃身旷野。昔魏绛列国大夫,尚能和辑诸戎,况臣奉大汉之威,而无铅刀一割之用乎?前世议者皆曰取三十六国，号为断匈奴右臂。今西域诸国，自日之所入，莫不向化，大小欣欣，贡奉不绝，唯焉耆、龟兹独未服从。臣前与官属三十六人奉使绝域，备遭艰厄。自孤守疏勒，于今五载，胡夷情数，臣颇识之。问其城郭小大，皆言'倚汉与依天等'。以是效之，则葱领可通，葱领通则龟兹可伐。今宜拜龟兹侍子白霸为其国王，以步骑数百送之，与诸国连兵，岁月之间，龟兹可禽。以夷狄攻夷狄，计之善者也。臣见莎车、疏勒田地肥广，草牧饶衍，不比敦煌、鄯善间也，兵可不费中国而粮食自足。且姑墨、温宿二王，特为龟兹所置，既非其种，更相厌苦，其执必有降反。若二国来降，则龟兹自破。愿下臣章，参考行事。诚有万分，死复何恨。臣超区区，特蒙神灵，窃冀未便僵仆，目见西域平定，陛下举万年之觞，荐勋祖庙，布大喜于天下。"书奏，帝知其功可成，议欲给兵。平陵人徐幹素与超同志，上疏愿奋身佐超。五年，遂以幹为假司马，将弛刑及义从千人就超。

【译文】

建初三年，班超统率疏勒、康居、于窴、拘弥等国军队一万多人攻打姑墨国的石城，攻破了它，斩首七百级，班超打算趁机平定各国，就上疏请求增派军队，说："臣看见先帝打算开通西域，所以北面进击匈奴，西面出使各国，鄯善、于窴立即归附。而今拘弥、莎车、疏勒、月氏、乌孙、康居又愿意归附，打算共同合力平灭龟兹，打开通往汉朝的道路。如果得到龟兹，那么西域不顺从的只有百分之一了。臣伏地自思，我出身于军队小官，实愿踏着谷吉的足迹，捐躯于偏僻遥远的边地，也许可以像张骞那样弃身于空旷的原野。从前魏绛不过是诸侯国的一个大夫，尚且能够与戎人和好，何况臣凭借大汉的声威，而连铅刀一割的用处都没有吗？前朝评议的人都说夺取西域三十六国，称得上是断掉匈奴右臂。现在西域各国，从日落之处起，没有不归化的，大小国家喜悦，献物给朝廷的不断，只有焉耆、龟兹还没有归服顺从。臣以前和部下三十六人出使偏僻遥远的西域，备遭艰难困苦。自从孤军坚守疏勒，至今已有五年，胡夷的心理，臣很能领会。问西域大小城郭诸国，都说'依靠汉朝与依靠上天相同'。由此证验，那么葱岭之道可以打通；葱岭之道打通了，那么就可以讨伐龟兹。现在应该任命龟兹质子白霸为该国国王，以步、骑兵几百人送他回国，与各国的军队联合，年月之间，龟兹可以擒服。用夷狄进攻夷狄，是上等的计策。臣看见莎车、疏勒的土地肥沃宽广，牧草丰盛，不比敦煌、鄯善之间的差，出征的士兵可以不费中国的粮草而自给自足。况且姑墨、温宿二国国王，是龟兹所扶立的，既不是该二国的人，就被该二国人民所厌恶，势必会有反叛、归降的事件发生。如果二国前来投降，那么龟兹就会不攻自破。希望下发臣的奏章，让大臣们参考定计。实在有万分可取之处，即使死了又有什么怨恨呢。臣班超渺小，特蒙神灵保佑，暗中希望不要让我现在死去，让我能亲眼看见西域的平定，陛下举起祝贺的酒杯，告大功于祖庙，宣布大喜于天下。"此书奏上，章帝知道这件事可以成功，商议打算派给部队。平陵人徐幹素来与班超志同道合，上书愿奋不顾身辅佐班超。建初五年，任用徐幹为代理司马，率领解除枷锁的刑徒和自愿相从者一千人前往增援班超。

【原文】

先是，莎车以为汉兵不出，遂降于龟兹，而疏勒都尉番辰亦复反叛。会徐幹适至，超遂与幹击番辰，大破之，斩首千余级，多获生口。超既破番辰，欲进攻龟兹。以乌孙兵强，宜因其力，乃上言："乌孙大国，控弦十万，故武帝妻以公主，至孝宣皇帝，卒得其用。今可遣使招慰，与共合力。"帝纳之。八年，拜超为将兵长史，假鼓吹幢麾。以徐幹为军司马。

【译文】

此前莎车认为汉军不会出塞，于是投降了龟兹，而疏勒国都尉番辰也跟着叛变。恰巧碰上徐幹刚到，班超就和徐幹进击番辰，大败番辰，斩首一千多级，捕获了许多俘虏。班超击败番辰，打算进攻龟兹。他认为乌孙的兵力强大，应借助它的力量，就上书说："乌孙是个大国，有士兵十万，所以武帝把公主嫁给乌孙王为妻，到孝宣皇帝的时候，终于得到乌孙的帮助。现在可以派遣使者去招抚他们，与他们齐心合力对付龟兹。"章帝接受了这个建议。建初八年，任命班超为将兵长史，给予大将军的乐队、旗帜和仪仗。任用徐幹为军司马。

【原文】

　　明年，复遣假司马和恭等四人将兵八百诣超，超因发疏勒、于窴兵击莎车。莎车阴通使疏勒王忠，啖以重利，忠遂反从之，西保乌即城。超乃更立其府丞成大为疏勒王，悉发其不反者以攻忠。积半岁，而康居遣精兵救之，超不能下。是时月氏新与康居婚，相亲，超乃使使多赍锦帛遗月氏王，令晓示康居王，康居王乃罢兵，执忠以归其国，乌即城遂降于超。

【译文】

　　第二年，又派遣代理司马和恭等四人率兵八百前往班超那里，班超乘机调发疏勒、于窴的军队进攻莎车。莎车暗暗地派使者到疏勒王忠那里，以重利引诱他，忠于是反叛汉朝顺从莎车，向西守卫乌即城。班超就另立疏勒国的府丞成大充当疏勒王，全部调发没有反叛的人去进攻忠，双方对峙了半年之久，而康居也派遣精兵援救忠，班超不能取胜。当时大月氏新与康居结亲，互相友善，班超就派使者多带锦帛送给大月氏王，让他去说服康居王，康居王于是罢兵，把忠带回到他的国家，乌即城就向班超投降了。

青瓷双系罐　　东汉早期。高32.2厘米，口径12厘米。现藏故宫博物院。

【原文】

　　后三年，忠说康居王借兵，还据损中，密与龟兹谋，遣使诈降于超。超内知其奸而外伪许之。忠大喜，即从轻骑诣超。超密勒兵待之，为供张设乐。酒行，乃叱吏缚忠斩之。因击破其众，杀七百余人，南道于是遂通。

【译文】

　　过了三年，忠说服康居王借了军队，回来占据了损中城，秘密地与龟兹策划，派使者向班超伪降。班超内心里知道他的奸计而外表装作答应他的样子。忠大为喜悦，立即率领轻装骑兵前来见班超。班超秘密地安排伏兵以等待忠。

为他摆宴奏乐，喝了一会儿酒，便大声呵斥部下把忠绑起来杀掉。趁机袭击打败了他的队伍，杀死七百多人，天山南路从此就畅通无阻了。

【原文】

明年，超发于窴诸国兵二万五千人，复击莎车。而龟兹王遣左将军发温宿、姑墨、尉头合五万人救之。超召将校及于窴王议曰："今兵少不敌，其计莫若各散去。于窴从是而东，长史亦于此西归，可须夜鼓声而发。"阴缓所得生口。龟兹王闻之大喜，自以万骑于西界遮超，温宿王将八千骑于东界徼于窴。超知二虏已出，密召诸部勒兵，鸡鸣驰赴莎车营，胡大惊乱奔走，追斩五千余级，大获其马畜财物。莎车遂降，龟兹等因各退散，自是威震西域。

【译文】

次年，班超调集于窴等国的军队二万五千人，再次进攻莎车。而龟兹王派遣左将军调发温宿、姑墨、尉头等国合计五万人援救莎车。班超召集将校和于窴王商议说："现在兵少难以匹敌，对付的计策不如各自散去。于窴的部队从这儿向东，长史也从这里西归，等到夜里以鼓为号，听到鼓声，就各自出发。"消息传开以后，班超暗暗地嘱咐看守俘虏的士兵放松戒备，让被俘的龟兹士兵逃回去报告消息。龟兹王听了大喜，自己带领一万名骑兵在西部边界截击班超，让温宿王率领八千骑兵在东部边界伏击于窴部队。班超得知两支敌军已经出发后，秘密召集各部整装，鸡叫时奔赴莎车营地，胡人大惊，慌乱奔跑，追击斩首五千余级，缴获大量马匹、牲畜、钱财和物资。莎车于是投降，龟兹等国的军队因而各自退走四散，从此班超威震西域。

【原文】

初，月氏尝助汉击车师有功，是岁贡奉珍宝、符拔、师子，因求汉公主。超拒还其使，由是怨恨。永元二年，月氏遣其副王谢将兵七万攻超。超众少，皆大恐。超譬军士曰："月氏兵虽多，然数千里逾葱领来，非有运输，何足忧邪？但当收谷坚守，彼饥穷自降，不过数十日决矣。"谢遂前攻超，不下，又抄掠无所得。超度其粮将尽，必从龟兹求救，乃遣兵数百于东界要之。谢果遣骑赍金银珠玉以赂龟兹。超伏兵遮击，尽杀之，持其使首以示谢。谢大惊，即遣使请罪，愿得生归。超纵遣之。月氏由是大震，岁奉贡献。

【译文】

　　当初，大月氏曾经帮助汉朝进击车师有功，这一年进贡奉献珍宝、符拔和狮子，因而求娶汉朝公主做妻子。班超拒绝了大月氏王的请求，让大月氏的使者回去，因此引起了大月氏王的怨恨。永元二年，大月氏派遣他的副王谢率领部队七万攻打班超。班超的士兵较少，都非常害怕。班超开导士兵说："月氏兵虽然多，然而跋涉几千里翻越葱岭而来，没有给养补充，有什么可担忧的呢？但应当坚壁清野，坚守不战，他们饥饿极了自然会来投降，不过几十天就可决定胜负了。"谢于是前来攻打班超，攻不下，便放纵士兵四处抢掠，然而一无所获。班超估计他们的粮食快要用光了，必定会向龟兹求救，于是派遣几百名士兵在东部边界截击他们。谢果然派遣骑兵携带金银珠宝美玉等赠送龟兹。班超的伏兵拦击，把他们全杀死，手里拿着他们使者的首级给谢看。谢大为惊恐，马上派遣使者前来请罪，希望能让他们活着回去。班超放回了他们。大月氏因此大受震动，年年岁岁，向汉朝贡献方物。

【原文】

　　　　明年，龟兹、姑墨、温宿皆降，乃以超为都护，徐幹为长史。

【译文】

　　第二年，龟兹、姑墨、温宿都来投降，于是朝廷任用班超充当西域都护府都护，徐幹充当长史。

张 衡 传

【题解】

张衡,中国古代著名科学家、文学家。东汉南阳西鄂(今河南南阳北)人。两度任太史令,执掌天文、历法。创制了世界上最早利用水力转动测定天体星象的浑天仪、测定风候的候风仪和测定地震的地动仪,并第一次正确解释月食成因。其天文著作《灵宪》总结了当时的天文知识,明确提出宇宙无限性的看法,反对当时盛行的谶纬之学。又擅长文学,有《二京赋》和《归田赋》等。

【原文】

张衡字平子,南阳西鄂人也。世为著姓。祖父堪,蜀郡太守。衡少善属文,游于三辅,因入京师,观太学,遂通《五经》,贯六艺。虽才高于世,而无骄尚之情。常从容淡静,不好交接俗人。永元中,举孝廉不行,连辟公府不就。时天下承平日久,自王侯以下,莫不逾侈。衡乃拟班固《两都》,作《二京赋》,因以讽谏。精思傅会,十年乃成。文多,故不载。大将军邓骘奇其才,累召不应。

【译文】

张衡字平子,南阳郡西鄂县人。世代为有名望的大族。祖父张堪,做过蜀郡太守。张衡青少年时代就擅长写文章,他曾游历三辅,因而来到京都,在太学访学,于是通晓了《五经》,贯通了六艺。虽然才能高于世人,但他没有骄傲自负的意思。总是从容恬静,不喜欢结交庸俗之人。和帝永元年间,被举荐为孝廉,他没有去,屡次被三公的府署征召,都未就职。当时国家长期和平安定,自王侯以下没有不越制奢侈的。张衡便模仿班固的《两都赋》,写作了《二京赋》,以此来进行讽谏。经过精密构思,排比组合,花了十年时间才写成。因字数太多,这里就不载录了。大将邓骘认为他的才能非同一般,多次召聘,他都没有接受。

【原文】

衡善机巧，尤致思于天文、阴阳、历算。常耽好《玄经》，谓崔瑗曰："吾观《太玄》，方知子云妙极道数，乃与《五经》相拟，非徒传记之属，使人难论阴阳之事，汉家得天下二百岁之书也。复二百岁，殆将终乎？所以作者之数，必显一世，常然之符也。汉四百岁，《玄》其兴矣。"安帝雅闻衡善术学，公车特征拜郎中，再迁为太史令。遂乃研核阴阳，妙尽璇机之正，作浑天仪，著《灵宪》、《算罔论》，言甚详明。

【译文】

张衡擅长机械和工艺技巧，尤其精心钻研天文、阴阳、历算方面的学问。平素特别爱好《太玄经》，他对崔瑗说："我研读《太玄经》，才知道扬雄极尽了天道术数之妙，价值竟可与《五经》相比拟，并非只是传记之类，使人难以探讨有关阴阳的问题，这是汉家取得天下二百年后才产生的著作。从扬雄写《太玄》到现在又二百年了，《太玄经》的学问会过时吗？之所以作者的命运必然显于一世，这是由于永恒规律的符验。因此，汉家天下四百年时，玄学兴起。"安帝素来听说张衡擅长术数的学问，派公车特例征召他，授予郎中官职，又升任太史令。于是他就研究阴阳，精妙地掌握了天文历法的制订方法，创制了浑天仪，写出了《灵宪》、《算罔论》二部著作，道理阐述得十分详明。

张衡

【原文】

顺帝初，再转，复为太史令。衡不慕当世，所居之官辄积年不徙。

【译文】

汉顺帝初年，两次转任之后，他又当上了太史令。张衡不羡慕掌权做官，所任职务往往是多年不升迁。

【原文】

　　阳嘉元年，复造候风地动仪。以精铜铸成，员径八尺，合盖隆起，形似酒尊，饰以篆文山龟鸟兽之形。中有都柱，傍行八道，施关发机。外有八龙，首衔铜丸，下有蟾蜍，张口承之。其牙机巧制，皆隐在尊中，覆盖周密无际。如有地动，尊则振龙机发吐丸，而蟾蜍衔之。振声激扬，伺者因此觉知。虽一龙发机，而七首不动，寻其方面，乃知震之所在。验之以事，合契若神。自书典所记，未之有也。尝一龙机发而地不觉动，京师学者咸怪其无征，后数日驿至，果地震陇西，于是皆服其妙。自此以后，乃令史官记地动所从方起。

【译文】

　　阳嘉元年，张衡又创制了候风地动仪。它用精铜铸造而成，直径八尺，顶盖突起，形状像酒樽，用篆文以及山龟鸟兽的图形装饰着。中间有根中心柱，旁边伸出八条横杆，设置枢纽发动机件。仪器外部有八条龙，龙嘴里各衔一颗铜丸，下面与龙首相对的地方各有一只蛤蟆，张着嘴巴仰承龙首。那些枢纽机件制作得很巧妙，都隐藏在樽腹中，顶盖周密无一丝缝隙。如果发生地震，铜樽中的机件就使龙震动，机关发动，龙嘴里吐出铜丸，由蛤蟆嘴接住，振动的声音清亮，值班的人凭着响声察觉地震的发生。只有一条龙发动了机关，而其他七条龙的龙首不动；察看机关发动铜丸下落的方向，就知道地震发生在何方。拿事实来检验，也完全准确，灵验如神。自从有文献典籍记载以来，没有过这样的事情。曾经有一次一条龙的机关发动了，但人们没有感觉到地面震动，京城中的学者，都怪地动仪不准。过了几天，驿使前来报告，果然在陇西发生了地震，于是大家都叹服这个仪器的妙处。从此以后，朝廷就命史官根据它来记录地震发生的方向。

地动仪

【原文】

　　　　后迁侍中，帝引在帷幄，讽议左右。尝问衡天下所疾恶者。宦官惧其毁己，皆共目之，衡乃诡对而出。阉竖恐终为其患，遂共谗之。

【译文】

　　后来张衡升任侍中，顺帝将他引进宫廷，在身边劝谏和议事。顺帝曾经问张衡天下人所痛恨的是什么人。宦官们惧怕张衡讲他们的坏话，都瞪眼注视着他，于是张衡敷衍回答之后便退了出来。宦官们害怕他最终还将成为自己的祸害，于是一齐说他的坏话。

【原文】

　　　　永和初，出为河间相。时国王骄奢，不遵典宪；又多豪右，共为不轨。衡下车，治威严，整法度，阴知奸党名姓，一时收禽，上下肃然，称为政理。视事三年，上书乞骸骨。征拜尚书。年六十二，永和四年卒。

【译文】

　　汉顺帝永和初年，张衡离开京城，担任河间王的相。当时河间王骄横奢侈，不遵守典章法度，再加上很多豪门大族，一起干着违法犯禁的坏事。他一上任，就树立起典章制度的威严，整顿法律禁令，暗中摸清邪僻奸恶的那一类人的姓名，同时捉拿归案，地方上下都肃然起敬，齐声称赞政事走上了轨道。在职三年，张衡上书皇帝请求退休还乡。征召拜授尚书职务。永和四年，张衡六十二岁去世。

【原文】

　　　　著《周官训诂》，崔瑗以为不能有异于诸儒也。又欲继孔子《易》说《彖》、《象》残缺者，竟不能就。所著诗、赋、铭、七言、《灵宪》、《应间》、《七辩》、《巡诰》、《悬图》凡三十二篇。

【译文】

　　张衡著的《周官训诂》，崔瑗认为不能超过其他儒生的说解。他又曾打算补充孔子研究《易经》所作的《彖》、《象》的残缺部分，但最终没有能够完成。他写作的诗、赋、铭、七言诗、《灵宪》、《应间》、《七辩》、《巡诰》、《悬图》等共三十二篇。

【原文】

永初中，谒者仆射刘珍、校书郎刘騊駼等著作东观，撰集《汉记》，因定汉家礼仪，上言请衡参论其事，会并卒，而衡常叹息，欲终成之。及为侍中，上疏请得专事东观，收捡遗文，毕力补缀。又条上司马迁、班固所叙与典籍不合者十余事。又以为王莽本传但应载篡事而已，至于编年月，纪灾祥，宜为《元后本纪》。又更始居位，人无异望。光武初为其将，然后即真，宜以更始之号建于光武之初。书数上，竟不听。及后之著述，多不详典，时人追恨之。

【译文】

安帝永初年间，谒者仆射刘珍、校书郎刘騊駼等人在东观著述，撰集《汉记》，并据此确定汉家礼仪，就向皇帝请求让张衡参加讨论此事。恰巧这二人一齐去世了，为此，张衡常常叹惜，打算把它最后完成。到做了侍中时，他上疏请求专门在东观办事，收捡遗文，尽量补缀。又条列奏上司马迁、班固二书所记述的与典籍不相符合的十多件史事。并认为王莽本传只应载篡位的事情而已，至于编年记事和载录灾异的内容，应该作为《元后本纪》。又更始帝刘玄即位，当时人们没有寄期望于他人，光武帝最初是更始的部将，后来才即位为帝，应该将更始的年号列在光武帝初年。他为此几次上书，最终未被采纳。等到后来的著述，大多记载不详，当时的人们都为当初张衡的主张未能实现感到遗憾。

【原文】

论曰：崔瑗之称平子曰："数术穷天地，制作侔造化。"斯致可得而言欤！推其围范两仪，天地无所蕴其灵；运情机物，有生不能参其智。故知思引渊微，人之上术。《记》曰："德成而上，艺成而下。"量斯思也，岂夫艺而已哉？何德之损乎！

【译文】

史官评论说：崔瑗称赞张衡说："数术上的造诣能穷究天地的奥妙，制作上的技巧与自然造化同工。"这种境界可以用来评价张衡吧！推究他比着天地制造出的浑天仪，竟使得天地难以隐藏自己的奥秘。他在研制地动仪时用了他的巧思，活着的人不能对其有所改进而加入自己的智慧。因此可知他的智慧思维已经进入到事物的深邃奥妙之处，是人类最好的技术。《礼记》说："以德行成就居上位，以技艺成就居下位。"衡量张衡这样的才智思维，难道只是技艺而已？这样的技艺对德行有什么减损呢！

董 卓 传

【题解】

董卓，字仲颖，陇西临洮（今甘肃省临洮县）人。官至太师、郿侯。早年为汉将，因参加讨伐黄巾起义，升为前将军，掌管重兵。董卓拥兵自重，驻兵于河东，不肯接受朝廷的征召而放弃兵权，正逢京都大乱，何进被杀，董卓趁机进京，控制了中央政权。之后董卓废汉少帝，立汉献帝，关东诸侯联盟讨伐董卓，董卓放弃洛阳，移都长安。董卓生性残虐，当权后横征暴敛，激起了民愤，最后被王允和吕布谋杀。

【原文】

董卓字仲颖，陇西临洮人也。性粗猛有谋。少尝游羌中，尽与豪帅相结。后归耕于野，诸豪帅有来从之者，卓为杀耕牛，与共宴乐，豪帅感其意，归相敛得杂畜千余头以遗之，由是以健侠知名。为州兵马掾，常徼守塞下。卓膂力过人，双带两鞬，左右驰射，为羌胡所畏。

【译文】

董卓字仲颖，陇西郡临洮县人。性情粗暴勇猛而有谋略。年青时曾漫游羌族各地，同羌族头领都有结交。后来回家种地，头领们有来到他这里来的，董卓为他们杀了耕牛，和他们一同宴饮作乐。豪帅们被他的情意感动，回去后汇集到各种牲畜一千多头赠送给他。从此，他以刚健侠勇而闻名。任凉州的兵马掾，曾经在边塞巡防。董卓臂力过人，身上两边都挂弓袋，能在马上左右开弓，羌族人害怕他。

【原文】

桓帝末，以六郡良家子为羽林郎，从中郎将张奂为军司马，共击汉阳叛羌，破之，拜郎中，赐缣九千匹。卓曰："为者则己，有者则士。"乃悉分与吏兵，无所留。稍迁西域戊己校尉，坐事免。后为并州刺史，河东太守。中平元年，拜东中郎将，持节，代卢植击张角于下曲阳，军败抵罪。其冬，北地先零羌及枹罕、河关群盗反叛，遂共立湟中义从胡北宫伯玉、李文侯为将军，杀护羌校尉泠征。伯玉等乃劫致金城人边章、韩遂，使专任军政，共杀金城太守陈懿，攻烧州郡。明年春，将数万骑入寇三辅，侵逼园陵，托诛宦官为名。诏以卓为中郎将，副左车骑将军皇甫嵩征之。……时众军败退，惟卓全师而还，屯于扶风，封斄乡侯，邑千户。……六年，征卓为少府，不肯就……及灵帝寝疾，玺书拜卓为并州牧，令以兵属皇甫嵩。卓复上书言曰："臣既无老谋，又无壮事，天恩误加，掌戎十年。士卒大小相狎弥久，恋臣畜养之恩，为臣奋一旦之命。乞将之北州，效力边垂。"于是驻兵河东，以观时变。及帝崩，大将军何进、司隶校尉袁绍谋诛阉宦，而太后不许，乃私呼卓将兵入朝，以胁太后。卓得召，即时就道。并上书曰："中常侍张让等窃幸承宠，浊乱海内。臣闻扬汤止沸，莫若去薪；溃痈虽痛，胜于内食。昔赵鞅兴晋阳之甲，以逐君侧之恶人。今臣辄鸣钟鼓如洛阳，请收让等，以清奸秽。"卓未至，而何进败，虎贲中郎将袁术乃烧南宫，欲讨宦官，而中常侍段珪等劫少帝及陈留王夜走小平津。卓远见火起，引兵急进，未明到城西，闻少帝在北芒，因往奉迎。帝见卓将兵卒至，恐怖涕泣。卓与言，不能辞对；与陈留王语，遂及祸乱之事。卓以王为贤，且为董太后所养，卓自以与太后同族，有废立意。

【译文】

　　桓帝末年，董卓以六郡大户子弟的资格为羽林郎，跟随中郎将张奂任军司马，和张奂一起进攻汉阳造反的羌族，打败了他们，被任命为郎中，赏赐细绢九千匹。董卓说："立功的虽然是自己，和自己共有财物的是士兵。"于是把赏赐全分给官兵，无所保留。后渐渐升到西域戊已校尉，因事被免职。后又担任并州刺史、河东太守。中平元年，担任东中郎将，持天子符节接替卢植在下曲阳进击张角，战败，以服罪抵偿失误。这年冬天，北地先零羌和枹罕、河关两县的盗贼们反叛朝廷，共同推举湟中地区"义从胡"北宫伯玉、李文侯为将军，杀害了护羌校尉泠征。北宫伯玉等人劫持了金城人边章、韩遂，让他们专管军政事务；他们又一起杀害了金城太守陈懿，进攻焚烧州郡。第二年春天，率几万骑兵侵犯三辅地区，进逼皇帝的陵园，借口是要消灭宦官。朝廷下诏令董卓为中郎将，协助左车骑将军皇甫嵩讨伐他们。……当时讨伐大军各部都败退，只有董卓部没有受损失顺利归来，驻扎在扶风，封为鳌乡侯，食邑千户。……中平六年征召董卓为少府，他不肯就职。……到灵帝病重时，皇帝用玺书授命董卓为并州牧，命令他带领军队归属皇甫嵩麾下。董卓又上书说："我既不老谋深算，又没有惊天动地的功绩，蒙皇上错爱，误给恩惠，让我掌管兵权十年。我同大小官兵亲密相处很久，他们留恋我育养的恩情，关键时刻能够为我献出生命。请让我带领他们驻守北部州郡，在边疆效力。"于是驻扎河东，来观望时局的变化。等到灵帝去世，大将军何进、司隶校尉袁绍策划消灭宦官，而太后不允许。于是他们暗中招呼董卓带兵入朝，来胁迫太后。董卓受到召唤，马上出发，同时上书说："中常侍张让等人窃得宠幸，搞乱了天下，我听说用舀起来再倒回去的办法使开水不滚，不如撤去锅下的柴薪；烂疮虽疼，但要比痛毒侵蚀内脏轻得多。从前赵鞅发动晋阳的军队来驱除国君身边的坏人，现在我就鸣钟击鼓声讨宦官们的罪行，进军洛阳请求逮捕张让等，来扫除朝中的奸邪污秽。"他还没赶到洛阳，何进失败了，虎贲中郎将袁术等人就放火烧了南宫，想讨伐宦官。但中常侍段珪等人，劫持少帝和陈留王夜里逃到小平津。董卓远远望见火起，带兵迅速进发，天没亮时到了城西，听说少帝在

东汉博山炉

后汉书

一一七

北芒山，于是前往迎接。少帝看到董卓带兵突然到来，害怕得哭泣。董卓与他谈话，他一句也答不上；又与陈留王交谈，陈留王就叙述了祸乱发生的情形。董卓认为陈留王贤明，而且是董太后抚养的，董卓自认为和董太后同族，这时就有了废少帝立陈留王的想法。

【原文】

初，卓之入也，步骑不过三千，自嫌兵少，恐不为远近所服，率四五日辄夜潜出军近营，明旦乃大陈旌鼓而还，以为西兵复至，洛中无知者。寻而何进及弟苗先所领部曲皆归于卓，卓又使吕布杀执金吾丁原而并其众，卓兵士大盛。乃讽朝廷策免司空刘弘而自代之。……遂胁太后，策废少帝。曰："皇帝在丧，无人子之心，威仪不类人君，今废为弘农王。"乃立陈留王，是为献帝。又议太后蹙迫永乐太后，至令忧死，逆妇姑之礼，无孝顺之节。迁于永安宫，遂以弑崩。

【译文】

当初，董卓进入京师的时候，步兵、骑兵不超过三千，他对于兵少不满意，担心京城和地方上的官员与将领不服他。于是每隔四五天，就在夜间悄悄地率军出城就近安营，第二天早上便大张旗鼓回洛阳，假装西部军队又到了，洛阳没有人知道其中奥秘的。不久，何进及其弟弟何苗原先所率领的军队都归他统领。他又派吕布杀了执金吾丁原，吞并了他的军队。这样，董卓的兵力十分强大，他便授意朝廷罢免了司空刘弘，自己取而代之。……于是董卓威逼太后，策令废除少帝，说："皇帝在居丧期间，没有做儿子的心情，威仪也不像一个国君，现在废除他的皇位，封为弘农王。"于是立了陈留王为帝，这就是汉献帝。董卓又提出建议，太后逼迫永乐太后，致使让永乐太后郁郁而死，违背了媳妇对婆婆的礼仪，没有孝顺的品德。把她移居到永安宫，接着杀了她。

【原文】

卓迁太尉，领前将军事，加节传、斧、钺、虎贲，更封郿侯。卓乃与司徒黄琬、司空杨彪俱带铁锧诣阙上书，追理陈蕃、窦武及诸党人，以从人望。于是悉复蕃等爵位，擢用子孙。寻进卓为相国，入朝不趋，剑履上殿。封母为池阳君，置令丞。是时洛中贵戚室第相望，金帛财产，家家殷积。卓放纵兵士，突其庐舍，淫略妇女，剽虏物质，谓之"搜牢"。人情崩恐，不保朝夕。及何后葬，开文陵，卓悉取藏中珍物。又奸乱公主，妻略宫人，虐刑滥罚，睚眦必死，群僚内外莫能自固。卓尝遣军至阳城，时人会于社下，悉令就斩之，驾其车重，载其妇女，以头系于车辕，歌呼而还。又坏五铢钱，更铸小钱，悉取洛阳及长安铜人、钟虡、飞廉、铜马之属，以充铸焉。故货贱物贵，谷石数万。又钱无轮郭文章，不便人用。……卓素闻天下同疾阉官诛杀忠良，及其在事，虽行无道，而犹忍性矫情，擢用群士。乃任吏部尚书汉阳周珌、侍中汝南伍琼、尚书郑公业、长史何颙等。以处士荀爽为司空。其染党锢者陈纪、韩融之徒，皆为列卿。幽滞之士，多所显拔。以尚书韩馥为冀州刺史，侍中刘岱为兖州刺史，陈留孔伷为豫州刺史，颍川张咨为南阳太守。卓所亲爱，并不处显职，但将校而已。

【译文】

董卓升任太尉，兼管以前所任将军的事务，受到赐予节传、斧钺、虎贲勇士的待遇，改封为郿侯。董卓于是同司徒黄琬、司空杨彪一起带上刑具铁锁到宫门上书，为陈蕃、窦武以及党人们申诉平反，来顺从人们的愿望。于是全部恢复了陈蕃等人的爵位，起用他们的子孙。不久，董卓升为相国。上朝时他不必向皇帝趋拜，上殿时不解剑、不脱鞋，封他的母亲为池阳君，下面设有令、丞等官员。当时洛阳的贵戚们的府第一个挨一个，金帛财产家家聚集很多。董卓放纵士兵，冲进他们的房屋，奸淫抢掠妇女，劫夺财物，称为"搜牢"。人心极为混乱恐惧，朝不保夕。到何太后下葬时，挖开文陵，把墓里的珍宝全部掠走了。又奸淫公主，抢劫污辱宫女，滥施刑罚，对他有一点怨恨的人必定身死，朝廷的内外官员没有人能自保。董卓曾派兵到阳城，当时人们正在社坛下聚会，他便命令士兵上去把聚会的人全杀了，驾起装着财货的车，装上抢来的妇女，把被害者的头系在车辕上，狂歌呼号着返回洛阳。又销毁五铢钱，改铸小钱，把洛阳和长安的铜人、钟架、铜制飞廉、铜马之类全部拿来销熔铸钱。因此，钱贱物贵，一石谷值几万钱。另外，钱面没有边轮、花纹，不便人们使用。……董卓平时听说天下人一致痛恨宦官杀害忠良，等到他掌权，虽然施行残暴无道的统治，但仍耐着性子违背本心地提拔任用士人。于是他任用吏部尚书汉阳人周珌、侍中汝南人伍琼、尚书郑公业、长史何颙等人。以隐士荀爽做司空。那些跟党锢之祸有瓜葛的陈纪、韩融等人，都做了九卿。被埋没的人才，很多被重用。让尚书韩馥做冀州刺史，侍中刘岱做兖州刺史，陈留人孔伷做豫州刺史，颍川人张咨做南阳太守。董卓所亲近喜爱的人，并不居要职，只做个将、校罢了。

东汉击鼓说唱俑

【原文】

初平元年，馥等到官，与袁绍之徒十余人各兴义兵，同盟讨卓，而伍琼、周珌阴为内主。初，灵帝末，黄巾余党郭太等复起西河白波谷，转寇太原，遂破河东，百姓流转三辅，号为"白波贼"，众十余万。卓遣中郎将牛辅击之，不能却。及闻东方兵起，惧，乃鸩杀弘农王，欲徙都长安。会公卿议，太尉黄琬、司徒杨彪廷争不能得，而伍琼、周珌又固谏之。卓因大怒曰："卓初入朝，二子劝用善士，故相从，而诸君到官，举兵相图。此二君卖卓，卓何用相负！"遂斩琼、珌。……旋亦悔之，故表彪、琬为光禄大夫。

【译文】

初平元年，韩馥等到任，同袁绍之类的十余人各自发动义兵，结盟声讨董卓，而伍琼、周珌暗中做他们的内应。起初，灵帝末年，黄巾余部郭太等人又在西河白波谷起事，转而攻打太原，接着攻占了河东，百姓流亡到三辅地区，称他们为"白波贼"，郭太等有十余万人。董卓派中郎将牛辅进攻白波军，不能打退他们。等到听说东部起兵反他的消息后，很害怕，于是用鸩酒毒死了弘农王，想迁都长安。召集公卿讨论，太尉黄琬、司徒杨彪在朝廷上和董卓争辩，没有达到目的，而伍琼、周珌又坚持劝谏。董卓因此大怒说："我当初入朝主政时，你们二人劝我任用德才兼备的人，所以我听从了你们，但各位到任后，起兵反对我。这是你们两位出卖了我，我又何必辜负你们！"于是杀了伍琼、周珌。……随后又后悔了，所以上表请求任命杨彪、黄琬为光禄大夫。

【原文】

于是迁天子西都。初，长安遭赤眉之乱，宫室营寺焚灭无余，是时惟有高庙、京兆府舍，遂便时幸焉。后移未央宫。于是尽徙洛阳人数百万口于长安，步骑驱蹙，更相蹈藉，饥饿寇掠，积尸盈路。卓自屯留毕圭苑中，悉烧宫庙官府居家，二百里内无复孑遗。又使吕布发诸帝陵及公卿以下冢墓，收其珍宝。

【译文】

于是他就把汉献帝迁移到西都长安。起先，长安经历了赤眉战乱，宫室衙门焚毁无余。这时幸存的只有高祖庙和京兆府衙门，于是选择吉日住进去，后来皇帝移居未央宫。又把洛阳几百万人口全部迁往长安，军队驱赶追逼，人们相互拥挤践踏，饥寒交困，又受到抢劫，所以沿途都布满尸体。董卓自己驻扎在毕圭苑中，焚烧了所有的宫庙、官府和民房，洛阳周围二百里内一无所有了。又派吕布挖掘皇帝们的陵墓以及公卿以下官吏的坟墓，收罗墓中的珍宝。

【原文】

时长沙太守孙坚亦率豫州诸郡兵讨卓。卓先遣将徐荣、李蒙四出虏掠。荣遇坚于梁，与战，破坚，生禽颍川太守李旻，亨之。卓所得义兵士卒，皆以布缠裹，倒立于地，热膏灌杀之。时河内太守王匡屯兵河阳津，将以图卓。卓遣疑兵挑战，而潜使锐卒从小平津过津北，破之，死者略尽。明年，孙坚收合散卒，进屯梁县之阳人。卓遣将胡轸、吕布攻之。布与轸不相能，军中自惊恐，士卒散乱。坚追击之，轸、布败走。

卓遣将李傕诣坚求和，坚拒绝不受，进军大谷，距洛九十里。卓自出与坚战于诸陵墓间，卓败走，却屯黾池，聚兵于陕。坚进洛阳宣阳城门，更击吕布，布复破走。坚乃扫除宗庙，平塞诸陵，分兵出函谷关，至新安、黾池间，以截卓后。卓谓长史刘艾曰："关东诸将数败矣，无能为也。唯孙坚小戆，诸将军宜慎之。"乃使东中郎将董越屯黾池，中郎将段煨屯华阴，中郎将牛辅屯安邑，其余中郎将、校尉布在诸县，以御山东。

【译文】

　　当时长沙太守孙坚也率领豫州各郡的士兵讨伐董卓。董卓先前派将领徐荣、李蒙四处抢劫。徐荣在梁县同孙坚遭遇，和孙坚交战，孙坚被打败，徐荣活捉了颍川太守李旻，烹杀了他。董卓把俘获的讨伐他的士兵，都用布裹起来，倒竖在地上，用热油浇灌的方法杀死。当时河内太守王匡驻兵河阳津，准备起兵反对董卓。董卓派出疑兵进行挑战，暗中派出精锐士卒从小平津过河到达北岸，打败了王匡，王匡部死亡殆尽。第二年，孙坚收集残部，进驻梁县的阳人，董卓派将领胡轸、吕布进攻孙坚。吕布和胡轸互不相容，部队中无缘无故地惊恐，士兵散乱，孙坚追击，胡轸、吕布败逃。董卓派将领李傕向孙坚求和，孙坚拒绝了，并进军大谷，距离洛阳有九十里路。董卓亲自出马与孙坚在各皇陵之间交战，董卓失利败逃，退驻黾池，在陕县聚集兵力。孙坚攻入洛阳的宣阳城门，再攻打吕布，吕布又败逃。孙坚于是清扫宗庙，填平皇帝们的陵墓，分出兵力从函谷关出击到新安、黾池一带，来截断董卓的后路。董卓对长史刘艾说："关东诸将多次败在我手下，他们干不成什么事，只有孙坚这小呆子，各位将军应谨慎地对付。"于是让东中郎将董越驻守黾池，中郎将段煨驻守华阴，中郎将牛辅驻守安邑，其余的中郎将、校尉分布在各县，以抵御来自山东的进攻。

【原文】

　　卓讽朝廷使光禄勋宣璠持节拜卓为太师，位在诸侯王上。乃引还长安，百官迎路拜揖。卓遂僭拟车服，乘金华青盖，爪画两辕，时人号"竿摩车"，言其服饰近天子也。以弟旻为左将军，封鄠侯，兄子璜为侍中、中军校尉，皆典兵事。于是宗族内外，并居列位。其子孙虽在髫龀，男皆封侯，女为邑君。数与百官置酒宴会，淫乐纵恣。乃结垒于长安城东以自居。又筑坞于郿，高厚七丈，号曰"万岁坞"。积谷为三十年储。自云："事成，雄据天下；不成，守此足以毕老。"尝至郿行坞，公卿已下祖道于横门外。卓施帐幔饮设，诱降北地反者数百人，于坐中杀之。先断其舌，次斩手足，次凿其眼目，以镬煮之。未及得死，偃转杯案间。会者战慄，亡失匕箸，而卓饮食自若。诸将有言语蹉跌，便戮于前。又稍诛关中旧族，陷以叛逆。时太史望气，言当有大臣戮死者。卓乃使人诬卫尉张温与袁术交通，遂笞温于市，杀之，以塞天变。

【译文】

董卓示意朝廷让光禄勋宣璠持皇帝符节任命他为太师，地位在诸侯王之上。于是他率军回长安，百官半路叩拜迎接。董卓接着僭越等级仿照皇帝的舆马服饰，车上立有金花装饰的青色车盖，车盖有爪形的弓头，当时人称为"竿摩车"，是说他的服饰同皇帝接近。让弟弟董旻为左将军，封鄠侯，哥哥的儿子董璜做侍中，中军校尉，都掌握兵权。于是他家亲族男女，都在朝廷任职受封。他的子孙尽管年龄幼小，但男的都封了侯，女的都是邑君。他多次同百官设酒宴会、淫乐放纵。在长安城东建造城堡供自己居住。又在郿县建筑坞堡，墙壁高和宽各七丈，号称"万岁坞"。里面储存的粮食够用三十年。他自己说："事情成功，我就雄据天下；不成功，就退守此地，足以直到老死。"董卓曾经到郿县巡视坞堡，公卿以下官员都聚在横门外设宴为他饯行。董卓设置幔帐和酒宴，在席间杀了他诱降的北地反叛者几百人。先割他们的舌头，其次砍手脚，接着挖眼睛，然后用煮肉的大锅烹煮。人还没死，卧在杯案之间辗转抽搐。与会者心惊肉跳，吓得筷子和汤匙都掉了。可是董卓却饮酒吃菜，神情自如。诸将说话稍有失误，便当面处死。董卓又逐步把关中一些原先的官宦家族，定为叛逆罪名加以迫害。当时太史观望云气，

东汉鹰

说有大臣要被杀。董卓于是指使人诬陷卫尉张温与袁术勾结，在街市上杖击张温，杀了他，以此让天象变化所预示的事落实。

【原文】

越骑校尉汝南伍孚忿卓凶毒，志手刃之，乃朝服怀佩刀以见卓。孚语毕辞去，卓起送至阁，以手抚其背，孚因出刀刺之，不中。卓自奋得免，急呼左右执杀之，而大诟曰："虏欲反耶！"孚大言曰："恨不能磔裂奸贼于都市，以谢天地！"言未毕而毙。时王允与吕布及仆射士孙瑞谋诛卓。有人书"吕"字于布上，负而行于市，歌曰："布乎！"有告卓者，卓不悟。

【译文】

越骑校尉汝南人伍孚，痛恨董卓凶狠毒辣，决心亲手杀了他，便穿上朝服怀揣佩刀来见董卓。伍孚说完话告辞，董卓起身送他到小门，用手拍他的肩臂，伍孚乘机抽刀刺他，没有刺中。董卓奋力得以脱身，急忙喊侍卫捉住杀掉伍孚，大骂他："你想造反吗？"伍孚大声说："恨不得把你在市上碎尸万段，告慰天地！"话还没说完就死了。当时王允和吕布以及仆射士孙瑞合谋诛杀董卓。有人把"吕"字写在布上，背着在市场上走，唱道："布啊！"有人把这件事告诉给董卓，他没有领悟。

【原文】

三年四月，帝疾新愈，大会未央殿。卓朝服升车，既而马惊堕泥，还入更衣。其少妻止之，卓不从，遂行。乃陈兵夹道，自垒及宫，左步右骑，屯卫周币，令吕布等捍卫前后。王允乃与士孙瑞密表其事，使瑞自书诏以授布，令骑都尉李肃与布同心勇士十余人，伪著卫士服于北掖门内以待卓。卓将至，马惊不行，怪惧欲还。吕布劝令进，遂入门。肃以戟刺之，卓衷甲不入，伤臂堕车，顾大呼曰："吕布何在？"布曰："有诏讨贼臣。"卓大骂曰："庸狗敢如是邪！"布应声持矛刺卓，趣兵斩之。主簿田仪及卓仓头前赴其尸，布又杀之。驰赍赦书，以令宫陛内外。士卒皆称万岁，百姓歌舞于道。长安中士女卖其珠玉衣装市酒肉相庆者，填满街肆。使皇甫嵩攻卓弟旻于郿坞，杀其母妻男女，尽灭其族。乃尸卓于市。天时始热，卓素充肥，脂流于地。守尸吏燃火置卓脐中，光明达曙，如是积日。诸袁门生又聚董氏之尸，焚灰扬之于路。坞中珍藏有金二三万斤，银八九万斤，锦绮、绘縠、纨素，奇玩，积如丘山。

【译文】

　　初平三年四月，献帝病刚好，召集群臣在未央殿朝会。董卓穿上朝服上车，不久马受惊，他掉进泥里，回去换衣服。小妾劝他不要去，董卓不听，于是走了。董卓把士兵列在路的两侧，从他的城堡到未央宫，左边是步卒右边是骑兵，防守周密，命令吕布等人前后保卫。王允就同士孙瑞把他们的计划密奏给皇帝，让士孙瑞写诏令交给吕布，派骑都尉李肃给吕布十几个心腹勇士穿上卫士服，在北掖门内等董卓。董卓快要到时，马受惊不走，董卓感到奇怪，心里害怕，打算回去。吕布劝他进去，于是进了北掖门。李肃用戟刺他，董卓外衣里面穿着贴身护甲刺不进去，仅被刺伤了手臂，从车上掉了下来，他回头大喊："吕布在哪里？"吕布说："有诏令讨伐你这贼臣。"董卓大骂："你这癞皮狗敢这样吗？"在董卓喊的同时吕布用矛刺他，急唤士兵们杀了他。董卓的主簿田仪和董卓的奴仆往前跑向董卓尸体，吕布又杀了他们。吕布带着大赦的诏书，骑马奔跑在皇宫内外，宣布皇帝的命令。士兵们都高呼万岁，百姓们在路上载歌载舞。长安城中，男人女子卖掉珠玉服装来买酒肉互相庆贺的，填满了街市。朝廷派皇甫嵩攻打驻守郿坞的董旻，杀了董卓的母亲、妻妾、儿女，灭了他的宗族。于是把董卓的尸体陈列在市上，当时天开始热起来，董卓向来肥胖，油流了一地，守尸的官吏点火放在他的肚脐里，从晚上亮到天明，这样过了有好几天。袁氏家族的门生，又把董卓家族的尸体堆在一起，用火焚烧，把骨灰抛洒在路上。郿坞中珍藏有黄金两三万斤，白银八九万斤，锦绮、绘縠、白绢以及珍奇玩物，堆积如山。

王 景 传

【题解】

王景，东汉琅邪不其（今山东即墨西南）人。字仲通。博览群书，通天文、术数，尤精于水利。明帝时，奉命修浚仪渠。69年，主持治理河患，自荥阳东至千乘海口千余里间，修渠作堤，黄河受南北长堤制约，顺利流通入海。竣工后，明帝亲往巡视。以功迁侍御史、河渠谒者。后任庐江太守，修治芍陂水利，教民用牛耕、铁犁及养蚕织帛。

【原文】

王景字仲通，乐浪讲邯人也。八世祖仲，本琅邪不其人。好道术，明天文。诸吕作乱，齐哀王襄谋发兵，而数问于仲。及济北王兴居反，欲委兵师仲，仲惧祸及，乃浮海东奔乐浪山中，因而家焉。父闳，为郡三老。更始败，土人王调杀郡守刘宪，自称大将军、乐浪太守。建武六年，光武遣太守王遵将兵击之。至辽东，闳与郡决曹史杨邑等共杀调迎遵，皆封为列侯，闳独让爵。帝奇而征之，道病卒。

【译文】

王景字仲通，是乐浪郡讲邯县人。他的八世祖王仲，原是琅邪郡不其县人，爱好道术，精通天文。西汉初，吕氏作乱，齐哀王刘襄谋划发兵，多次向王仲征询意见。到了济北王刘兴居起兵反吕时，刘襄想把军队交给王仲率领。王仲害怕遭祸，便乘船渡海东奔乐浪山中，从此在那里安了家。王景的父亲王闳是乐浪郡的三老之一，更始政权失败后，当地人王调杀死郡守刘宪，自称大将军、乐浪太守。建武六年，光武帝派太守王遵率兵进攻王调。军队到了辽东，王闳和郡决曹史杨邑等人共同杀死王调迎接王遵，王闳与杨邑等人都被封

错银铜牛灯　照明用具。1980年出土于江苏邗泉2号东汉墓。灯座为一立牛，牛腹中空。

为列侯，王闳却偏偏推辞不受爵位。光武帝觉得王闳很不一般，便征召他到京师来，王闳走到半路上病死了。

【原文】

景少学《易》，遂广窥众书，又好天文术数之事，沈深多伎艺。辟司空伏恭府。时有荐景能理水者，显宗诏与将作谒者王吴共修作浚仪渠。吴用景堨流法，水乃不复为害。

【译文】

王景年少时学《易》，后又博览群书，并喜好天文、术数一类的知识。王景性格沉稳，多才多艺，被征召到司空伏恭府内任职。当时有人荐举他能治理水患，汉明帝便下诏命他与将作谒者王吴共修浚仪渠。王吴采用王景的"堨流法"，从而黄河不再构成灾害。

【原文】

初，平帝时，河、汴决坏，未及得修。建武十年，阳武令张汜上言："河决积久，日月侵毁，济渠所漂数十许县。修理之费，其功不难。宜改修堤防，以安百姓。"书奏，光武即为发卒。方营河功，而浚仪令乐俊复上言："昔元光之间，人庶炽盛，缘堤垦殖，而瓠子河决，尚二十余年，不即拥塞。今居家稀少，田地饶广，虽未修理，其患犹可。且新被兵革，方兴役力，劳怨既多，民不堪命。宜须平静，更议其事。"光武得此遂止。后汴渠东侵，日月弥广，而水门故处，皆在河中，兖、豫百姓怨叹，以为县官恒兴他役，不先民急。永平十二年，议修汴渠，乃引见景，问以理水形便。景陈其利害，应对敏给，帝善之。又以尝修浚仪，功业有成，乃赐景《山海经》、《河渠书》、《禹贡图》及钱帛衣物。夏，遂发卒数十万，遣景与王吴修渠筑堤，自荥阳东至千乘海口千余里。景乃商度地势，凿山阜，破砥绩，直截沟涧，防遏冲要，疏决壅积，十里立一水门，令更相洄注，无复溃漏之患。景虽简省役费，然犹以百亿计。明年夏，渠成。帝亲自巡行，诏滨河郡国置河堤员吏，如西京旧制。景由是知名。王吴及诸从事掾史皆增秩一等。景三迁为侍御史。十五年，从驾东巡狩，至无盐，帝美其功绩，拜河堤谒者，赐车、马、缣、钱。

【译文】

起初，在西汉平帝时，黄河、汴水决口，没来得及修治。建武十年，阳武县令张汜上书说："黄河决口这么久了，一天天地浸蚀毁坏堤岸，济渠所淹没的有几十个县。有了经费，修理起来并不难，应当改筑和修理堤防，来安定百姓。"张汜的上书送达朝廷，光武帝立即为此调集民工，将要进行治理黄河的工程。浚仪县令乐俊又上书说："从前在汉武帝元光年间，黄河两岸人口众多，沿堤开垦种殖。然而瓠子地段的黄河决口长达二十多年，也没有立即兴工堵塞。现在黄河沿岸住家稀少，田地宽广，即使河堤没有加以修理，目前水患也还过得去。况且刚刚遭受战乱，就动用民工，老百姓的忧苦和怨恨已很多，已经忍受不了了。应该等到社会安定了以后，再商议这件事情。"光武帝又采纳了他的建议，便中止了修治黄河的计划。后来汴渠向东扩展，被洪水淹没的地方越来越多，原来设水闸的地方，如今都已淹没在黄河中了。兖州、豫州的老百姓忧怨叹息，认为地方官总是征发其他劳役，而不以民众急需的黄患治理为首要的事。永平十二年，朝廷商议修治汴渠之事，汉明帝就召见了王景，向他询问了治理水患的形势和利弊得失。王景便陈述了治河的利与害，对答如流。明帝大为赞赏。又因为王景曾经负责修治浚仪渠，取得很大成绩，于是赐给他《山海经》、《河渠书》、《禹贡图》以及钱帛衣物。这年夏天，征发民工数十万，派王景与王吴负责从荥阳以东到千乘海口一千多里的修渠筑堤工程。王景勘察地形，开凿山阜，破除河心的石头和淤沙，截断沟涧支流，筑堤阻遏冲要之处，疏通河道中堵塞之处，每隔十里立一个闸门，使河水回旋灌注，不再有堤岸决口、渗漏的祸患。王景虽然尽量节省民力和费用，但是开支还是数以千万计。第二年夏天，水渠修成。明帝亲自巡行汴渠，命令沿河郡国，按照西汉旧制设置守堤官吏。王景由此而闻名天下。王吴和一起治河的官吏们，都增加了一级俸禄。王景连升三级为侍御史。永平十五年，王景随从明帝向东巡狩到达无盐县，明帝对王景治河的功绩大加赞赏，任命他为河堤谒者，赐给他车、马、细绢、钱币。

【原文】

建初七年，迁徐州刺史。先是杜陵杜笃奏上《论都赋》，欲令车驾迁还长安。耆老闻者，皆动怀土之心，莫不眷然伫立西望。景以宫庙已立，恐人情疑惑，会时有神雀诸瑞，乃作《金人论》，颂洛邑之美，天人之符，文有可采。

【译文】

建初七年，王景升为徐州刺史。在这之前，杜陵人杜笃奏上《论都赋》，想让明帝把国都迁回长安，许多听到这篇赋的老人都动了怀念故土之心，没有不满怀眷念、长久站立西望长安的。王景则认为宫殿宗庙已经在洛阳建立，迁都恐怕引起百姓的疑惑。恰逢这时有神雀等祥瑞出现，他便写了《金人论》，歌颂洛阳的美丽，议论天人感应的道理，文章有很多可取之处。

【原文】

明年，迁庐江太守。先是，百姓不知牛耕，致地力有余而食常不足。郡界有楚相孙叔敖所起芍陂稻田。景乃驱率吏民，修起芜废，教用犁耕，由是垦辟倍多，境内丰给。遂铭石刻誓，令民知常禁。又训令蚕织，为作法制，皆著于乡亭，庐江传其文辞。卒于官。

【译文】

建初八年，王景升迁庐江太守。在他到任前，那地方的老百姓不懂得用牛耕地，以致土地肥沃而粮食却总是不足。该郡境内有从前楚相孙叔敖所开辟的芍陂稻田，王景便率领官吏、百姓，把荒废了的设施修理好，教百姓用犁耕种。从此，被开垦的土地成倍增长，庐江境内富饶充足。然后，王景又让人在石碑上刻下诫辞，使老百姓了解法典禁令。又下令让老百姓学习养蚕织作，为大家制定了技术规章，均在各乡亭公布，于是庐江郡到处流传着王景的文辞。王景最后死于任上。

【原文】

　　初，景以为《六经》所载，皆有卜筮，作事举止，质于蓍龟。而众书错糅，吉凶相反。乃参纪众家数术文书，冢宅禁忌，堪舆日相之属，适于事用者，集为《大衍玄基》云。

【译文】

　　起初，王景认为《六经》所载的内容，都有卜筮，兴办事业的一举一动都要进行占卜来征问。但是众书错乱，所言吉凶相反。他便参考诸家数术文书，修墓建房的禁忌，天地风水、日辰禁忌等等比较实用的项目，编集成《大衍玄基》一书。

董宣传

【题解】

　　两汉官员在执法中所遇到的难题，无非是地方上的豪强和皇家的外戚、公主。前者在乡里横行不法，若加以惩治，就要"操兵诣府，称冤叫号"，甚至于闹些乱子。有些官员为了息事宁人，往往对事情不闻不问，这样吏治就无从澄清。但这些地方的豪强，毕竟势力有限，一些较有正义感的官员，还比较敢于惩罚他们。至于皇家的外戚、公主，因为直接有皇帝做靠山，所以一个官吏，不避贵戚去维护法纪，那是很不容易的。即使政治比较清明的东汉光武帝时，情况也是如此。在这篇《董宣传》中，董宣惩处了公孙丹的非法杀人，竟被人弹劾，几乎丢了性命。后来平定江夏郡的暴乱，立了功劳，却因曾得罪外戚阴氏，被免职，然而他的意志并未因此削弱。后来，他竟当着公主的面，格杀其恶奴。公主向光武帝告状，光武帝也动了火，要杀他。他毫无畏惧，据理力争，最后使光武帝也不得不承认："天子不与白衣同"，反而给予奖赏。董宣不但严明执法，而且为人清廉。他死的时候，家无长物，更显出其人格的高尚。如果说古人的事迹还有值得为今人取法的，董宣恐怕可以算是一个突出的例子。

【原文】

　　董宣字少平，陈留圉人也。初为司徒侯霸所辟，举高第，累迁北海相。到官，以大姓公孙丹为五官掾。丹新造居宅，而卜工以为当有死者，丹乃令其子杀道行人，置尸舍内，以塞其咎。宣知，即收丹父子杀之。丹宗族亲党三十余人，操兵诣府，称冤叫号。宣以丹前附王莽，虑交通海贼，乃悉收系剧狱，使门下书佐水丘岑尽杀之。青州以其多滥，奏宣考岑，宣坐征诣廷尉。在狱，晨夜讽诵，无忧色。及当出刑，官属具馔送之，宣乃厉色曰："董宣生平未曾食人之食，况死乎！"升车而去。时同刑九人，次应及宣，光武驰使驺骑特原宣刑，且令还狱。遣使者诘宣多杀无辜，宣具以状对，言水丘岑受臣旨意，罪不由之，愿杀臣活岑。使者以闻，有诏左转宣怀令，令青州勿案岑罪。岑官至司隶校尉。

【译文】

董宣字少平，陈留圉（今河南杞县南）人。起初被司徒侯霸所辟举，擢取高第，屡迁官为北海相。董宣到任，任命大姓公孙丹为五官掾。公孙丹新建住宅，而占卜者说此宅会有死者，公孙丹就叫他儿子杀了个过路人，把尸首放在新屋内，就算应了占卜的预言，以避其害。董宣知道后，立即逮捕公孙丹父子，将他们杀死。公孙丹的宗族亲友三十多人，拿着兵器来到官署前称冤叫闹。董宣因为公孙丹过去曾附从王莽，恐怕他与海贼相勾结，于是把他们全收捕进剧县监狱，并让门下书佐水丘岑把他们全部杀掉。青州刺史因董宣杀人过多，上奏控告董宣的行事，并拷问水丘岑。董宣因此被传讯廷尉那里。董宣在监狱中，早晚读书，毫无忧虑之色。到该被拉出受刑时，他过去的属官们准备了饭菜来送他。董宣严厉地说："我董宣生平从未吃过别人的食物，何况现在要死呢！"上了囚车而去。当时一同受刑的共九人，依次将轮到董宣，光武帝派人骑快马特免董宣的死刑，并命令他回监狱。光武帝派使者诘问董宣多杀无辜之事。董宣便照事实回答，说水丘岑是执行我的意旨，罪不在他，请求杀我赦免水丘岑。使者向光武帝报告了董宣的供状，光武帝下诏贬董宣为怀县令，并命令青州不要查问水丘岑的罪责。水丘岑后来官职至司隶校尉。

【原文】

后江夏有剧贼夏喜等寇乱郡境,以宣为江夏太守。到界,移书曰:"朝廷以太守能禽奸贼,故辱斯任。今勒兵界首,檄到,幸思自安之宜。"喜等闻,惧,即时降散。外戚阴氏为郡都尉,宣轻慢之,坐免。

【译文】

后来江夏郡有剧盗夏喜等在郡内抢掠作乱,朝廷任命董宣为江夏太守。董宣一到郡界,就发出公告说:"朝廷认为我做太守能够擒拿奸贼,所以居此职。现在我带兵到了郡界,发布的檄文一到,为非作歹的人应考虑怎样自安的办法。"夏喜等听到后,很害怕,立时解散投降。后因皇家外戚阴氏有人做郡都尉,董宣对他轻慢,因此被免官。

【原文】

后特征为洛阳令。时湖泊公主苍头白日杀人,因匿主家,吏不能得。及主出行,而以奴骖乘,宣于夏门亭候之,乃驻车叩马,以刀画地,大言数主之失,叱奴下车,因格杀之。主即还宫诉帝,帝大怒,召宣,欲棰杀之。宣叩头曰:"愿乞一言而死。"帝曰:"欲何言?"宣曰:"陛下圣德中兴,而纵奴杀良人,将何以理天下乎?臣不须棰,请得自杀。"即以头击楹,流血被面,帝令小黄门持之,使宣叩头谢主,宣不从,强使顿之,宣两手据地,终不肯俯。主曰:"文叔为白衣时,藏亡匿死,吏不敢至门。今为天子,威不能行一令乎?"帝笑曰:"天子不与白衣同。"因敕强项令出,赐钱三十万。宣悉以班诸吏。由是搏击豪强,莫不震慄。京师号为"卧虎"。歌之曰:"枹鼓不鸣董少平。"

【译文】

后来被特别任命为洛阳令。当时湖阳公主的家奴白天杀人,作案后藏匿在公主家中,官府抓不到他。等公主出行时,让这个家奴陪她一起乘车。董宣在夏门亭等候他们，见到后叫停住车马，用刀划地，毫不顾忌地指责公主的过失，叱令家奴下车，把家奴杀了。公主就回宫向光武帝诉说，光武帝大怒，把董宣叫来，要棰杀他。董宣叩头说："请让我说一句话再死。"光武帝说："还想说什么？"董宣说："陛下有圣德而中兴，却纵容家奴杀害良民，将用什么来治理天下呢？我不须棍杖，请求自杀。"说着，董宣就用头撞柱，血流满面。光武帝叫小黄门制止了他，并叫董宣对公主叩头谢罪，董宣不肯。别人按他的头颈，硬让他低头，董宣两手支着地，到底不肯低头。公主说："文叔（光武帝刘秀字）做平民时，藏匿逃亡和被判死罪的人，官府不敢上门追索。现在做了皇帝，威信竟不能使一个县令屈服吗？"光武帝笑道："皇帝跟平民不一样。"因此下令让"硬脖子县令"出去，赐钱三十万。董宣把钱全部分给佐吏们。从此他惩处豪强，无不惧怕。京城中称之为"卧虎"。民谣唱道："鼓棰不敲鼓不鸣，吏治清明董少平。"

东汉白玉辟邪　高16厘米，长19.5厘米。该辟邪为玉质，是古代传说中的一种神兽，又称符拔、桃拔、飞廉。

【原文】

在县五年。年七十四，卒于官。诏遣使者临视，惟见布被覆尸，妻子对哭，有大麦数斛、敝车一乘。帝伤之，曰："董宣廉洁，死乃知之！"以宣尝为二千石，赐艾绶，葬以大夫礼。拜子并为郎中，后官至齐相。

【译文】

董宣在洛阳县任职五年。七十四岁那年死在官任上。光武帝派使者到他家察看，只见董宣的尸体用布被覆盖，只有妻子和儿子相对哭泣。家中有几斛大麦、破车一辆。光武帝知道后很感伤，说："董宣的廉洁，我直到他死后才知道！"因为董宣曾官至二千石，赐他艾绶，以大夫礼下葬。任命其子董并为郎中，后来董并官至齐相。

左 慈 传

【题解】

《左慈传》是《后汉书》中写得较为生动传神的一则列传。它用很简练的笔墨，通过两三件事情，把左慈具有的神奇功能表现得淋漓尽致，很吸引人。

【原文】

左慈字元放，庐江人也。少有神道。尝在司空曹操坐，操从容顾众宾曰："今日高会，珍羞略备，所少吴松江鲈鱼耳。"放于下坐应曰："此可得也。"因求铜盘贮水，以竹竿饵钓于盘中，须臾引一鲈鱼出。操大拊掌笑，会者皆惊。操曰："一鱼不周坐席，可更得乎？"放乃更饵钩沈之，须臾复引出，皆长三尺余，生鲜可爱。操使目前鲙之，周浃会者。操又谓曰："既已得鱼，恨无蜀中生姜耳。"放曰："亦可得也。"操恐其近即所取，因曰："吾前遣人到蜀买锦，可过敕使者，增市二端。"语顿，即得姜还，并获操使报命。后操使蜀反，验问增锦之状及时日早晚，若符契焉。

【译文】

左慈字元放，庐江人。小时候有神异的法术。曾经在司空曹操的宴会上列席，曹操慢慢环顾众宾客说："今天欢聚一堂，略备了一些好菜，只是少了吴地松江的鲈鱼。"元放在坐上应声道："这可以得到。"便要了一个铜盘贮了些水，用竹竿挂上饵食在盘中钓鱼，一会儿便钓了条鲈鱼出来。曹操拍掌而笑，在场的人都很吃惊。曹操说："一条鱼不够大家吃的，还可以再来吗？"元放又放上饵食将钩沉到盘子中，一会儿工夫又钓了上来，都是三尺多长的，活生生的很可爱。曹操让立刻煎了，让大家吃。曹操又对元放说："已经有了鱼，却遗憾没有蜀地产的生姜。"元放道："也可以搞到。"曹操担心他从近旁去弄，便说："我前些时候曾经派人到蜀地去买锦缎，可以顺便通知去的人，再多买两匹锦缎。"话说完不一会儿，元放便带了生姜回来，并带回了曹操派去的人的汇报。后来曹操派去的人回来，问他多买锦缎的情况和时间，非常吻合。

【原文】

后操出近郊。士大夫从者百许人，慈乃为赍酒一升，脯一斤，手自斟酌，百官莫不醉饱。操怪之，使寻其故，行视诸垆，悉亡其酒脯矣。操怀不喜，因坐上收欲杀之，慈乃却入壁中，霍然不知所在。或见于市者，又捕之，而市人皆变形与慈同，莫知谁是。后人逢慈于阳城山头，因复逐之。遂入走羊群。操知不可得，乃令就羊中告之曰："不复相杀，本试君术耳。"忽有一老羝屈前两膝，人立而言曰："遽如许。"即竟往赴之，而群羊数百皆变为羝，并屈前膝人立，云"遽如许"，遂莫知所取焉。

【译文】

后来曹操出行近郊，跟从他的士大夫有一百来人，左慈于是带着酒一升、干肉一斤，亲自用手倒酒，百官没有不喝醉吃饱的。曹操很奇怪，让人查找原因，去查看那些酒店，都丢失酒肉了。曹操心中不高兴，想就在席上把他抓起来杀掉，左慈立即躲到墙壁中，弄不清他在哪里。有人看到他在街市上，又去抓他。而街上的人都变了形状，跟左慈一样，不知谁是左慈。后来又有人遇到他在阳城山头上，便又去追他，他便走进羊群。曹操知道抓不住他，便命令到羊群那儿去告诉他："不会再杀你的，本来就是想试一试你的道术而已。"忽然有一头老羊弯着前面的两腿，像人一样站起说话："为什么突然这样做呢？"便跑向前去。而那数百头羊都变为老公羊，并且也弯着前腿像人似地站起，说："为什么突然这样做呢？"于是不知该抓哪只。

严光传

【题解】

　　严光，东汉初隐士。这篇载于《后汉书·逸民列传》的严光生平，在人物形象的刻画上很成功。短短数百字，将一个隐逸高士对封建统治阶级的权威所表示出的藐视，生动地展现出来，充溢着奇情壮采。

【原文】

　　严光字子陵，一名遵，会稽余姚人也。少有高名，与光武同游学。及光武即位，乃变名姓，隐身不见。帝思其贤，乃令以物色访之。后齐国上言："有一男子，披羊裘钓泽中。"帝疑其光，乃备安车玄纁，遣使聘之。三反而后至。舍于北军。给床褥，太官朝夕进膳。司徒侯霸与光素旧，遣使奉书。使人因谓光曰："公闻先生至，区区欲即诣造。迫于典司，是以不获。愿因日暮，自屈语言。"光不答，乃投札与之，口授曰："君房足下，位至鼎足，甚善。怀仁辅义天下悦，阿谀顺旨要领绝。"霸得书，封奏之。帝笑曰："狂奴故态也。"车驾即日幸其馆。光卧不起，帝即其卧所，抚光腹曰："咄咄子陵，不可相助为理邪？"光又眠不应，良久，乃张目熟视，曰："昔唐尧著德，巢父洗耳。士故有志，何至相迫乎！"帝曰："子陵，我竟不能下汝邪？"于是升舆叹息而去。复引光入，论道旧故，相对累日。帝从容问光曰："朕何如昔时？"对曰："陛下差增于往。"因共偃卧，光以足加帝腹上。明日，太史奏客星犯御座甚急。帝笑曰："朕故人严子陵共卧耳。"除为谏议大夫，不屈，乃耕于富春山，后人名其钓处为严陵濑焉。建武十七年，复特征，不至。年八十，终于家。帝伤惜之，诏下郡县赐钱百万、谷千斛。

【译文】

　　严光，字子陵，又名遵，会稽郡余姚县人。年轻时，就有很大的名气，曾和光武帝刘秀在一起游历求学。刘秀做了皇帝后，严光改变了自己的姓名，隐居起来不再出现。光武帝想到严光的贤能，于是下令按他的形貌特征四处察访。不久，齐国来报告："有一个男子，身披羊裘，在湖泽中钓鱼。"光武帝怀疑这个人就是严光，马上准备好安车、币帛，派使者去征召严光。使者往返三次，严光才应召到了京师洛阳。住在屯守京师的军营中，由朝廷赐给床褥，由太官早晚给他送饭。司徒侯霸与严光是旧交，派人送来书信。使者便趁机对严光说："司徒闻知先生来到京师，他本想立即登门拜访，迫于主管的事务繁杂，因此不能亲来，希望在傍晚时，委曲你到他那里叙谈。"严光没有回答，却把笔札丢给来人记录，口授回信道："君房先生，您做了三公这样的大官，很好。心怀仁德，辅佐大义，天下就会高兴；一味阿谀皇帝的意旨就应该处死。"侯霸得到严光的书信，就密封起来呈送给光武帝看。光武帝笑着说："狂家伙还是以前那个样子！"光武帝当天亲乘车驾去严光的住地。严光睡在床上不起身，光武帝来到他的卧房，摸着严光的腹部说："唉！子陵，不能帮助我治理国家吗？"严光还是睡着不回答。过了好一会儿，才睁开眼睛，认真地看着光武帝说："从前唐尧圣德昭著，要让天下给巢父，巢父听到之后，马上去水边洗自己的耳朵，表示不愿听这种话。士人本有自己的志向，何必相逼呢？"光武帝说："子陵，我竟然不能让你屈就吗？"于是光武帝上车感叹而去。后来，又召严光进宫，叙说旧事，一连几天对坐谈话。光武帝随便地问严光："我比以前怎样？"严光回答说："比过去稍稍高大了一点。"接着，两人同床而卧，严光把脚压在光武帝的肚子上。第二天，太史奏报天象：客星侵犯了天上的紫微垣，离帝星非常近。光武帝笑着说："我和老友严子陵同床共卧而已。"光武帝任命严光为谏议大夫，严光坚辞不受，随后归隐躬耕于富春山。后人把他钓鱼的地方起名叫严陵濑。建武十七年，又特别征召严光，但他不来。严光八十岁时死在家中。光武帝很伤感惋惜他，下诏给郡县赏赐严家钱百万、谷千斛。